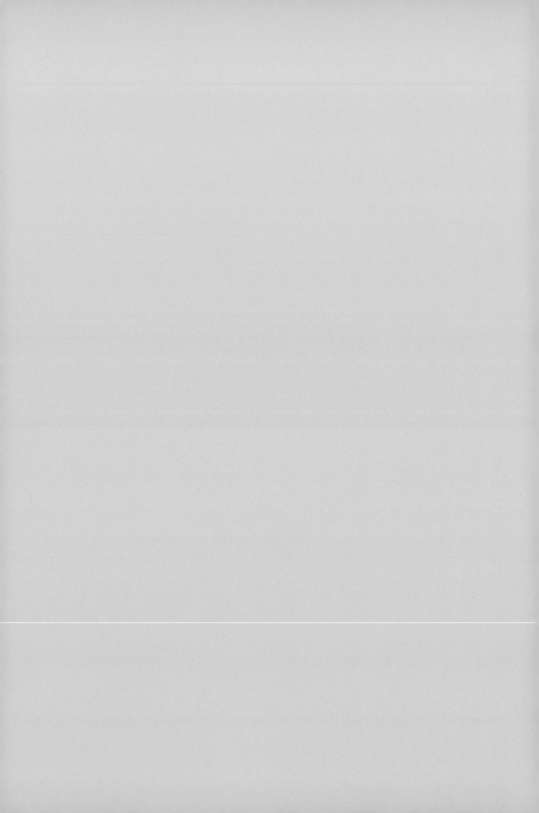

가장 힘든 일
기다림

Originally published in English under the title

HOLD ON

by Debby Akerman

Copyright © 2013 by Debby Akerman

Published by New Hope Publishers
100 Missionary Ridge
Birmingham, AL 35242-5235, U. S. A.

Korean Translation Copyright © 2015 by Kyujang Publishing Company

가장 힘든 일
기다림

데비 애커먼 지음 ㅣ 전의우 옮김

규장

완벽한 때를 아시는
하나님을 향한 기다림

기다림은 하나님께서 내게 요구하시는 매우 어려운 일 중 하나다. 나처럼 행동하는 것을 좋아하고 뭔가 이루길 좋아하는 사람에게는 맞지 않는다. 나는 건강과 자녀와 직장 문제로 오랜 시간 기다렸다. 그러나 그중에서 가장 힘들었던 기다림은 하나님이 우리를 남쪽으로 옮기실 때였다.

남편과 나는 우리가 살던 집을 팔고 더 따뜻한 남쪽 지방으로 옮기라는 하나님의 인도하심을 받았다. 당시 하나님의 뜻을 표시하는 신호등은 온통 초록색이었다. 그래서 우리는 그분의 음성을 정확하게 들었다고 확신했다. 순종하는 마음으로 친구들과 가족들에게 이 사실을 알렸고 집을 팔기 위해 내놓았다. 그리고 그분이 우리를 이끄시는 새로운 지역을 찾았다. 교회에서 맡은 직분도 다른 사람들에게 하나씩 넘기기 시작했다.

우리가 왜 옮겨야 하는지 다 알지는 못했지만 그렇게 하면 조기에 은퇴하고 여생을 잘 활용할 수 있을 것 같았다. 내 간호사로서의 경험을 선교에 활용하여 남편과 함께 사역할 수 있을 거라고 생각했다. 이주(移住)는 우리 부부가 하나님과 함께 떠나는 멋진 모험이 될 것 같았다.

그런데 상황이 뜻하지 않은 방향으로 흘러갔다. 집이 도무지 팔리지 않았다. 사우스캐롤라이나에 이미 얻어놓은 집도 곧 잃을 판이었다. 온갖 의심의 그림자가 내 머리를 뒤덮기 시작했다. 친구들과 가족들의 음성이 머릿속에서 메아리쳤다.

"하나님께서 당신들이 정말 떠나길 원하신다면 집이 곧바로 팔리지 않았을까요?"

내 기도 시간은 "왜죠?", "언제요?"라며 투덜대며 따지는 시간으로 바뀌었다. 일주일에 겨우 몇 시간 일하는 자리를 위해 일주일 내내 일할 수 있는 직장을 그만두어서 수입이 많이 줄었고, 걱정은 점점 늘어만 갔다.

나는 우리 집을 살 법한 사람에게 집착하게 되었고, 부동산 중개업자는 집을 담보로 단기 융자를 얻으라고 했다. 믿음이 없는 어떤 사람은 앞마당에 부적 같은 걸 묻으라고도 했다.

나는 불확실성의 바다에서 표류하고 있었다. 우리의 삶을 향한 하나님의 부르심을 믿었지만 여전히 같은 자리에 있다는 사실에 어쩔 줄 몰랐다. 이내 기도는 집이 팔리게 해달라는 애원으로 바뀌었다. 그런데 갑자기 성령께서 내 마음에 들어와 말씀하셨다. 하나님께서 나를 선택하여 기다리게 하셨고, 나를 믿기에 기다리게 하셨다는 거였다. 내가 기다림에 대해 전혀 생각지 못한 이유였다. 그래서 내가 성령께 여쭈었다.

'그럼 어떻게 기다릴까요?'

성령께서 말씀하셨다.

'내 말씀이 네게 보여줄 것이다.'

나는 하나님의 뜻을 의심하고 두려워하며 교만했던 내 죄를 고백했다. 용서하시는 하나님의 은혜가 나를 씻고, 시편 37편의 약속이 내 가슴을 찔렀다.

"주님을 기다리며, 주님의 법도를 지켜라. 주님께서 너를 높여주시어 땅을 차지하게 하실 것이니."

우리는 마침내 약속의 땅을 받았다. 하지만 그전에 하나님께서는 내게 '하나님 기다리기' 라는 큰 가르침을 주셨다.

지금 당신은 암이 깨끗이 낫고, 새 일자리를 얻고, 반항하는 자녀가 회복되고, 믿지 않는 배우자가 구원받기를 기다리고 있을지 모른다. 무엇을 기다리든지 명심하라. 완벽한 때를 아시는 하나님께서 당신에게 많은 약속과 격려의 말씀을 주실 것이다.

우리가 기다릴 거라 믿으셨고, 기다림을 통해 우리를 인도하셨으며, 기다림이 끝난 후 우리를 새롭게 하신 주님께 그리고 이 책을 통해 우리가 기다리는 동안 하나님께 받은 가르침을 나누도록 용기를 북돋아준 남편 브래드에게 감사한다.

프롤로그

Contents

—

하나님께서 "가라"라고 말씀하셔도

"여기서 기다려라"라는 명령을 주실 거라고는 예상치 못한다.

기다림은 우리의 계획에 없으며 생각하고 싶은 주제도 아니다.

그러나 하나님께서는 기다리도록 당신을 선택하셨고,

당신에게 기다리라고 명령하셨다.

그리고 당신이 기다릴 거라고 믿으신다.

Part 1

끝이 보이지 않는
기다림

01

기다림에 붙들리다

하나님을
기다리다

기다림은 현대 문화에 맞지 않는다. 우리는 어떻게든 덜 기다리려고 한다. 그래서 은행에서 길게 줄을 서서 기다리는 대신에 자동 입출금기나 온라인 뱅킹을 이용한다. 자동차에 탄 채 세차를 하고, 창문만 내리고 물건을 사기도 한다. 마트에서 구매 목록이 몇 개 되지 않으면 줄을 서서 직원에게 계산을 맡기는 대신 셀프 계산대를 이용한다. 인터넷에 접속해 손쉽게 지구 반대편에 사는 가족이나 친구와 접속한다. 기다림이 우리의 일상에서는 빠르게 사라지고 있지만 자신의 백성을 향한 하나님의 계획에서는 아니다.

"하나님을 섬기다"(wait on God)라는 말에 예배하고 묵상하는 멋진 시간이 떠오른다. 주님 앞에 무릎을 꿇고 우리의 기쁨과 슬픔을 내어놓으며 경험하는 거룩하고 고요한 순간 말이다. 그러나 "하나님을 기다리다"(wait for God)라는 말은 그렇게 멋들어지지 않다. 하나님께서 우리의 기도를 들으셨고 약속을 주신 것을 알지만, 다음 순간 '하나님께서 행동하시길 기다리는' 상태에 갇히면 거룩한 고요는 설명할 수 없는 하나님의 침묵이 된다.

하나님께서 우리의 필요를 쉽게 채우실 수 있는데도 침묵하실 때는 우리 안에 팽팽한 긴장감이 생긴다. 그러면 우리의 삶을 다스리는 하나님의 주권을 대하는 우리의 영적 태도가 한풀 꺾인다.

우리는 안다. 하나님께서 무슨 일을 생각만 하셔도 그 일이 일어난다는 걸. 그분이 우리의 기도에 응답하실 생각만 하셔도 그 기도는 응답될 것이다. 그런데 안타깝게도 우리는 하나님을 기다릴 때 삶의 기쁨을 잃고, 황량한 기다림이라는 풍경의 일부가 되고 만다.

너는 주님을 기다려라.

강하고 담대하게 주님을 기다려라.

시 27:14, 새번역

이 구절을 통해 당신이 원하는 결과에서 당신이 하나님께 들은 약속으로 생각의 초점을 옮겨라. 자신이 기다리는 결과에만 생각의 초점을 맞추면 기다림 속에 숨겨진 하나님의 복을 놓친다. 무슨 복인가? 당신은 하나님께 이렇게 부르짖은 경험이 있을 것이다.

"이런 기다림은 아무 소용도 없다고요. 하나님은 지금 당장 이 기다림을 끝내실 수 있잖아요!"

그러나 하나님께서는 몇몇 성경의 깊은 진리로 우리의 마음에 파고들어 생각의 초점을 돌리신다. 그분은 언제든 어떤 방식으로든 우리의 삶에 개입하실 최고의 권리가 있다는 걸 우리에게 깨닫게 하심으로 말이다. 하나님께서는 자신의 자녀들을 밝고 아름답고 편안한 삶에서 위태롭고 어두운 기다림이라는 풍경 속으로 옮기실 권리가 있으시다.

그분이 우리가 '기뻐하는' 시간과 장소를 정하시듯 우리가 '기다리는' 시간과 장소도 정하신다. 이것을 깨달은 후 나는 성경에서 말하는 하나님의 기다림을 발견하기 위해 새로운 여정을 시작했다. 나는 하나님께서 정하신 기다림을 이해하기 위한 첫 발을 내디뎠다.

"주님을 기다려라!"

하나님께서는 우리에게 기다리라고 요구하신다. 다윗은 자신의 경험에서 비롯된 확신으로 외쳤다. 나도 당신에게 똑같이 말하고 싶다. 기나긴 기다림으로 실망에 빠져 있을 때 나 역시 그분의 속삭임을 들었다. 내 주권자이신 하나님께서 나를 선택해 그분과 함께 기다리게 하셨다. 혼자 기다린 게 아니었다. 침묵 가운데 기다린 게 아니었다. 하나님과 '함께' 기다렸다.

그분이 내 마음에 말씀하셨다. 하나님께서 이 기다림을 위해 나를 선택하셨기에 그분이 자신의 약속을 지키시는 단계를 내가 하나도 놓치지 않을 거라고. 우리의 약점과 강점을 다 아시는 그분이 우리를 선택하여 기다리게 하실 뿐만 아니라 우리가 잘 기다릴 거라고 믿으신다.

우리는 '하나님 신뢰하기'에 대해 자주 말한다. 그러나 '우리가 하나님을 신뢰하기'라는 의미가 아닌 '하나님께서 우리를 신뢰하기'라고 생각해본 적이 있는가? 그분이 우리를 신뢰하신다는 건 무슨 뜻일까?

내가 아주 어릴 때, 아버지는 바닥에 누워 자신의 손바닥에 나를 세우셨다. 그러고는 팔을 천천히 들어올리셨다. 그때 나는 겁이 나서 움찔했는데, 아버지가 내게 말씀하셨다.

"데비, 가만히 있어야 한다. 균형을 잘 잡고 아래를 보지 말거라. 아무 일도 없을 거야. 아빠가 꼭 잡고 있잖니!"

나는 아버지가 나를 떨어뜨리지 않을 거라고 믿었다. 아버지는 내가 자신의 말에 귀를 기울이고, 지시를 따르며, 자신의 강한 손바닥에 당당히 서리라고 믿으셨다.

하나님께서는 우리가 '기다림'이라는 불안한 상황에서 그분의 음성에 귀 기울이고, 지시를 따르며, 하나님의 거룩한 손바닥에 당당히 서리라고 믿으신다.

기다리는
방법

하나님께서 우리가 기다릴 거라고 믿으신다면 어떻게 기다려야 하는지도 알려주셔야 한다. 우리는 대부분 기다리는 시간을 아무 것도 하지 않거나 하는 수 없이 쉬거나 열심히 뭔가를 하지만 성과는 거의 없는 시간과 동일시한다. 행동하길 좋아하는 사람들은 기다리는 시간을 거부하고, 그때를 허비하는 시간으로 여긴다. 하지만 전능하신 하나님께서는 아니라고 말씀하신다! 그분은 "강하고 담대하게 주님을 기다려라"라고 말씀하신다. 이는 우리가 무익하다고 여기는 시간에 용기와 힘을 주시는 말씀이다.

다윗 왕은 16세에 앳된 소년 목동일 때 왕으로 기름부음을 받았다. 그런 그가 왕으로 등극한 건 30세였다. 그 사이의 세월은 허비된 시간이었는가 아니면 그가 하나님의 마음에 맞는 사람으로 준비되는 시간이었는가?

당신의 십 대 시절을 되돌아보라. 무엇을 바랐으며 꿈은 무엇이었는가? 십 대들은 멋진 직업을 갖고 그 분야에서 두각을 나타내길 바란다. 과학 선생님에서 축구 선수까지, 작곡가에서 사회사업가까지 다양하다. 다윗이 어린 시절에 그랬듯이 어떤 사람들은 자신의 잠재력을 발견하고 목표를 이루려고 부단히 노력한다. 그때나 지금이나 희망과 꿈이 현실이 되는 과정에 기다리는 시간은 반드시 있다. 부지런히 뭔가를 하고 있지만 약속된 밝은 미래는 좀처럼 가까워지지 않는 시간 말이다.

16세라는 어린 나이에 다윗은 약속받은 왕좌에 대해 어떤 희망과 꿈을 품었을까? 왕관과 홀(笏), 권력과 특권, 전투와 승리를 기대하는 희망과 꿈이었을까? 그는 유순한 양들이 노니는 들판에서 조용히 공상에 잠겨 왕이 될 날을 꿈꿨다. 그때 중요한 질문에 정신이 번쩍 들었다.

'목동이 왕이 되려면 어떤 준비를 해야 하지?'

다윗은 하나님의 약속이 실현될 때까지 14년을 기다렸고, 시편 27편에서처럼 기다림에 붙들린 것은 이러한 기다림의 결과였다.

사무엘상을 읽어보면 다윗이 십 대 시절부터 왕이 될 때까지 여러 해를 기다렸다는 걸 알 수 있다. 우리가 그를 처음 만날 때 그는 이새의 여덟 명의 아들 중에서 막내에다 한낱 목동에 지나지 않왔다. 장차 이스라엘 왕이 될 만한 인물이 아니었다.

하나님께서는 사울 왕의 죄 때문에 슬픔에 잠긴 사무엘을 일으켜 베들레헴에 사는 이새에게 보내신다(삼상 16:1). 이새의 여러 아들 중에 하나님께서 이스라엘의 다음 왕으로 선택하신 인물이 있었다. 이새는 훤칠하고 잘생긴 일곱 아들을 차례로 사무엘 앞에 세웠다. 그러나 하나님께서는 사무엘에게 당신의 거룩한 선택은 외모를 보지 않는다고 말씀하셨다(삼상 16:7).

그래서 사무엘은 하나님께서 직접 선택하신 자에 대한 확신을 주실 때까지 기다렸다. 일곱 아들이 사무엘 앞에 차례로 지나갔다. 그러나 이들 가운데 하나님께서 선택하신 사람이 있다는 표시가 없었다. 사무엘이 이새에게 "아들이 이들 뿐이냐"라고 묻자 막내아들이 남았는데 집안에서 그다지 중요하지 않은 일인 양치는 일을 하고 있다고 답했다.

사무엘은 그 아들도 불러 자신 앞에 세우라고 했다. 어리고 건강한 다윗이 들어오자 하나님께서 사무엘에게 분명히 말씀하셨다. 그래서 하나님의 명령대로 사무엘이 일어나 그에게 기름을 부었다.

이날 이후로 다윗이 여호와의 영에게 크게 감동되니라

삼상 16:13

14년간 계속된 다윗의 기다림은 이렇게 시작되었다. 그는 어떻게 굳건히 기다렸는가? 하나님께서 자신을 선택해 사무엘의 손으로 기름을 부어 다음 왕으로 세우셨다고 생각할 때 그의 마음에는 의심이 일었을까? 젊고 강한 다윗은 성령에 감동되었지만 왕궁에서 왕의 홀이 아닌 들판에서 목자의 지팡이를 들고 다닐 때 자신이 시간을 허비하고 있다고 생각했을까?

하나님께서는 양들이 풀을 뜯고 비천한 목자들이 양을 지키던 볼품없는 베들레헴 들판이 어느 날 노래에 등장하고 다윗의 후손인 예수님이 탄생하시는 이야기의 무대가 되리라는 걸 우리가 기억하길 원하셨을 것이다(눅 2:8-12).

이러한 기다림의 시간표에서 다음 단계로, 다윗은 사울 왕을 위해 수금을 타는 연주자가 되었다.

여호와의 영이 사울에게서 떠나고
여호와께서 부리시는 악령이 그를 번뇌하게 한지라

삼상 16:14

그 순간에 사울에게서 하나님의 영이 떠나고,
하나님께서 보내신 어두운 기운이 그를 덮쳤다.

메시지

성경은 더 나아가 사울 왕의 신하들이 그의 이런 고통이 하나님에게서 비롯된 걸 어떻게 알았는지 말한다. 수금 연주가 빼어난 다윗은 번민하는 사울 왕을 달랠 연주자로 추천받았다. 다윗이 기름부음을 받은 후에 하나님께서는 곧바로 다음 단계를 위해 그를 준비하셨다.

사울 왕의 신하가 이렇게 말하며 다윗을 추천했다.

내가 베들레헴 사람 이새의 아들을 본즉
수금을 탈 줄 알고 용기와 무용과 구변이 있는 준수한 자라
여호와께서 그와 함께 계시더이다

삼상 16:18

아주 흥미로운 추천사를 들은 사울은 이를 그대로 받아들였다. 그는 곧 다윗을 불렀다. 물론 괴로운 마음을 달래야 하는 자신의 필요 때문에 다윗이 왕궁 생활을 직접 보면서 이스라엘 왕국이 어떻게 돌아가고 있는지 배우게 될 거라고는 전혀 생각지 못했다. 우리가 하나님을 기다릴 때 그분은 결과를 조율하시고, 약속이 성취되도록 각 사람과 상황을 배치하신다.

기다림의 시간표에서 다윗은 다음 단계에서 엄청난 상대를 만난다. 골리앗이다. 연주자이자 무기를 맡은 다윗은 사울을 섬기다

가도 집으로 돌아와 막내아들로서 양치는 일을 되풀이했던 게 분명하다. 사울과 그 군대가 블레셋과 싸우러 나갔을 때 다윗은 집에서 양을 치고 있었다. 다윗의 형들 가운데 셋은 사울이 이끄는 이스라엘의 군사였다. 이새는 세 아들 걱정에 다윗을 보내 형들을 찾아 양식을 전하고, 안전하게 잘 있는지 보고 오라고 했다. 다들 아는 이야기다.

골리앗이 하나님의 군대를 모독하는데도 이스라엘 군사들은 그 앞에서 하나같이 사시나무처럼 떨었다. 다윗은 이 광경에 의분(義憤)이 일어 담대히 나서서 자신이 골리앗과 맞서겠다고 했다. 형들과 모든 군사들이 보기에 그는 물매를 든 한낱 양치기 소년에 지나지 않았다.

그러나 그가 여호와께서 자신을 구해내시리라고 외칠 때 사울은 어쩌면 하나님의 손을 보았을지 모른다. 그래서인지 다윗을 싸움에 내보냈다. 다윗은 매끈한 돌멩이와 물매 그리고 하나님의 능력, 이렇게 세 가지를 들고 골리앗을 향해 나아갔다.

기다림이라는 땅을 지날 때 우리는 거대한 장애물을 만난다. 그러나 하나님께서는 이 장애물에 꼭 맞는 무기를 우리 손에 들려주신다. 물매를 든 다윗처럼 하나님께서 우리에게 주신 무기가 우리 앞에 버티고 서 있는 거인들을 상대하기에 적합하지 않은 듯 보이고, 비슷한 싸움을 하는 여느 사람들의 무기와 달라보일지 모른다. 그러나 하나님의 이름의 능력이 그분의 약속이 성취되지 못하게 막는 모든 장애물을 이기는 승리를 우리에게 안길 것이다.

당신이 하나님에게 받은 약속과 관련해 기다림의 시간표를 생각하고 있다면 당신이 혼자 기다리지 않도록 하나님께서 당신을 위해 보내신 친구의 얼굴이 떠오를지도 모른다. 다윗에게도 그런 친구가 있었다. 한때 그가 수금을 타며 사울 왕의 마음을 위로하고 있을 때 왕은 그를 사랑했다. 그러다가 사울에게 다윗은 질투와 증오의 대상으로 바뀌었다.

이 시간표에 따라 사울이 다윗을 죽이려 할 때 하나님께서는 그의 고통스런 마음을 함께 나눌 친구를 주셨다. 다윗에게 사울의 아들인 요나단은 형제보다도 더 가까운, 마음을 주고받는 친구였다. 이 우정은 다윗과 하나님의 관계에도 힘을 더했다(하나님께서 인도하신 그들의 특별한 우정을 사무엘상 20장에서 읽어보라).

다윗의 시간표에는 많은 봉우리와 골짜기가 나타났다. 사무엘상은 제2차 세계대전을 담은 영화처럼 전쟁의 깃발, 적진(敵陣), 전투, 승리, 패배가 우리 눈앞에 펼쳐진다. 처음부터 끝까지 사울은 하나의 목적으로 다윗을 추격했다. 하나님께서 기름부으신 자를 죽여 왕이 되지 못하게 막으려고 한 것이다. 하나님께서는 이런 전투를 허비하지 않으셨다. 힘든 시간이 끝나기를 기다리는 다윗을 다듬고 벼리어 하나님의 마음에 맞는 사람으로 빚으셨다. 또

한 다윗은 하나님과 나눈 친밀한 경험을 통해 강하고 담대하다는
게 무슨 뜻인지 알게 되었다.

다락방에서
기다리다

우리는 기다리도록 선택받으며, 기다리라는 명령도 받는다. 예
수님은 자신을 따르는 소수의 무리에게 약속을 주고, 기다리라고
말씀하셨다.

> 사도와 함께 모이사 그들에게 분부하여 이르시되
> 예루살렘을 떠나지 말고 내게서 들은 바
> 아버지께서 약속하신 것을 기다리라
>
> 행 1:4

하나님께서는 자신의 백성에게 자주 "이것을 하라"거나 "그곳
으로 가라"거나 "이렇게 되라"라고 명하신다. 우리는 성경에서 우
리의 마음에 용기를 주고, 생각을 준비시켜주며, 영혼을 사로잡는
이런 명령을 우리의 삶에 아주 기꺼이 때로는 열정적으로 적용한

다. 그래서 하나님께서 "가라"라고 말씀하셔도 "여기서 기다려라"라는 명령을 주실 거라고는 예상치 못한다.

하나님의 손가락이 그분과 함께하는 모험의 길을 가리키는 게 분명한 것처럼 보일 때 우리는 기다리라는 명령을 듣고 싶어 하지 않는다. 큰 계획이 눈앞에 있을 때 기다림은 우리의 계획에 없으며 생각하고 싶은 주제도 아니다. 그러나 지금 당신이 이 책을 읽고 있다면 이미 하나님께 그런 명령을 들었을지 모른다. 확신해도 좋다. 하나님께서는 기다리도록 당신을 선택하셨고, 당신에게 기다리라고 명령하셨다. 그리고 당신이 기다릴 거라고 믿으신다.

우리는 예수님께 기다리라는 명령을 받은 제자들의 경험에서 배울 수 있다. 그들은 예루살렘을 떠나지 말라는 명령을 받았다. 기다리라는 것은 하나님께서 정하신 곳에 머무르라는 뜻이다. 이것은 우리가 어떤 특정한 장소, 직업이나 관계에서 지금 있는 곳에 머무르라는 뜻일 수도 있다. 하나님께서는 우리가 어디에 머물면서 약속하신 선물을 기다려야 하는지를 말씀하신다.

우리는 종종 지역이나 교회나 직장이나 관계를 떠나고 싶은 유혹을 받는다. 어디로든 떠나는 게 가만히 기다리는 것보다 나을 거라고 생각한다. 그런데 그렇게 되면 우리가 하나님보다 앞서가게 되어 선물을 받을 수 없다. 오순절에 임하신 성령처럼 하나님의 선물은 갑자기 그리고 신속하게 온다. 우리가 구하거나 상상했던 그 이상이다. 그래서 언제나 기다릴 만한 가치가 있다. 하나님께서 당신에게 기다리라고 명하신 그 자리를 떠나 그분이 약속하신 선물을 놓치는 일이 없도록 하라.

하나님께서 그분의 높고 거룩하신 약속을 기다리는 대기실을 두셨다. 사도행전 1장에 나오는 다락방은 제자들이 예수님과 함께했던, 곧 오순절 역사가 일어날 바로 그곳이었다. 그 방에 남은 11명의 제자와 예수님과 동행한 여인들과 그분을 기꺼이 따라나섰던 자들과 예수님의 어머니와 형제들이 모였다. 이미 예수님은 이들에게서 떠나고 계시지 않는다. 그래서 다들 당혹스런 표정으로 서로 쳐다본다. 말은 하지 않지만 이들의 머릿속에 온갖 의문이 떠오른다.

'이제 무슨 일이 일어날까? 얼마나 오래 기다려야 할까? 약속하신 선물은 뭘까?'

우리는 이들에게서 세 가지를 배울 수 있다.

첫째, 기도는 우리의 최우선순위이다. 성경에서 처음으로 제자들(교회)이 함께 기도하는 기록이 사도행전 1장 14절에 나온다.

"더불어 마음을 같이하여 오로지 기도에 힘쓰더라."

예수님은 이들에게 기도를 가르쳐주셨다.

둘째, 성경을 신뢰하라. 당신이 기다릴 때 성경이 당신을 인도해 줄 것이다. 베드로는 이렇게 말한다.

시편에 기록하였으되 그의 거처를 황폐하게 하시며

거기 거하는 자가 없게 하소서 하였고

또 일렀으되 그의 직분을 타인이 취하게 하소서 하였도다

이러하므로 요한의 세례로부터

우리 가운데서 올려져 가신 날까지

주 예수께서 우리 가운데 출입하실 때에

항상 우리와 함께 다니던 사람 중에 하나를 세워

우리와 더불어 예수께서 부활하심을

증언할 사람이 되게 하여야 하리라

행 1:20-22

성경은 예수님이 배신당하실 걸 예언할 뿐 아니라 제자들을 인도하는 가르침도 말한다.

셋째, 하나님께 무엇을 해야 하는지 보여달라고 구하면서 더 많이 기도하라. 사도행전 1장 24,25절에서 제자들은 "뭇 사람의 마음을 아시는 주여, 보이시옵소서"라고 기도했다. 예수님을 따르는 이들이 모두 순종해서 하나님께서 정하신 기다림의 자리에 있었기에 약속한 걸 받을 수 있었다. 단 한 명이라도 하나님의 신뢰를 깨고 불순종하며 명령받은 그 자리에서 기다리지 않았다면 그의 마음과 영혼에 어떤 아픔이 일어났을지 상상하기 어렵다. 약속

한 바를 주셔서 성령께서 이들에게 임하셨을 때 남아 있던 그들 중 누구도 전혀 상상하지 못했던 결과가 일어났다.

당신이 기다리도록 선택되고, 심지어 기다리라고 명령받았다는 걸 이해하는 과정에서 어떤 면이 어려운가? 어떤 종류의 기다림이 든 우리에게 유익이 있는가?

과거에 경험했거나 현재 겪고 있는 기다림의 시간표를 만들어보라. 그리고 어느 곳이든 하나님께서 당신이 기다리길 원하시는 바로 그 자리에서 기다리겠다고 다짐하라. 기다림의 열매가 있을 것이며, 그것은 당신의 상상을 뛰어넘을 것이다. 하나님께서 약속하신 선물을 놓치지 말라.

02

지혜롭게 기다리기

성경의
시간표

사도행전 2장에서 약속하신 선물인 성령님의 임재로 예수님을 따르던 이들 중 그 누구도 전혀 상상하지 못했던 결과가 일어났다. 의사 누가는 하나님께서 놀랍게 약속을 지키시는 모습을 그려낸다. 성경의 시간표에서 강조하는 부분이다.

하나님께서는 창세기의 생명이 시작될 때부터 요한계시록의 그리스도께서 재림하시는 장면까지 자신의 백성에게 구체적이지만 어느 정도의 기다림이 필요한 약속들을 주셨다. 어떤 약속은 불가능해보일 만큼 성취될 때까지 아주 오랜 기다림이 필요했다.

그래서 하나님의 모든 자녀는 언제고 그분을 기다리는 경험을 하게 된다.

첫 기다림

세상이 시작되고 하나님의 동산을 돌볼 때, 아담은 자신에게 맞는 배필을 기다렸다. 하나님께서는 모든 동물들이 아담의 앞을 지나가게 하고, 그에게 각 동물의 이름도 짓게 하셨다. 하지만 아담을 도울 적합한 짝은 없었고, 그러는 동안 그는 기다렸다.

여호와 하나님이 이르시되

사람이 혼자 사는 것이 좋지 아니하니

내가 그를 위하여 돕는 배필을 지으리라 하시니라

여호와 하나님이 흙으로 각종 들짐승과

공중의 각종 새를 지으시고

아담이 무엇이라고 부르나 보시려고

그것들을 그에게로 이끌어 가시니

아담이 각 생물을 부르는 것이

곧 그 이름이 되었더라

아담이 모든 가축과 공중의 새와

들의 모든 짐승에게 이름을 주니라

아담이 돕는 배필이 없으므로

창 2:18-20, 새번역

아담은 아직 죄 자체를 알지 못했기에 인내하며 기다렸고, 하나님께서 자신의 완벽한 반려자를 찾아주실 거라는 걸 전적으로 신뢰했다. 그리고 하나님께서는 아담을 위해 하와를 창조하셨다(창 2:21,22). 마침내 모든 생명의 창조가 끝났고, 남자와 여자가 창조되었다. 모든 동식물이 완전하고 완벽하며 흠이 없었다.

첫 번째 기다림은 유일하게 완벽한 기다림이었다. 창세기 3장에 인간의 타락 이야기가 나온다. 사탄이 악한 발을 가진 뱀으로 에덴동산에 들어와 죄로 향하는 길을 닦았다. 우리는 에덴동산에서 일어난 유혹과 타락 이야기를 매우 잘 안다.

나무, 열매, 뱀, 죄가 사람에게 들어오는 정황을 머릿속에 훤히 그려낼 수 있다. 성경의 다음 페이지를 넘기면 아담과 하와가 부끄러워하고, 하나님께서 "너희가 어디 있느냐"라고 그들을 부르시는 장면이 나온다.

아담과 하와의 죄를 용서하시는 데서 하나님께서 그분의 백성과 맺으신 첫 언약이 나온다. 우리를 죄에서 구원하려고 구원자를 주시겠다는 '아담의 언약'이다. 죄를 획책하려는 뱀이 에덴동산에 나타났고, 하나님께서 짐승의 피를 흘려 처음으로 인간의 죄를 덮으셨다. 그리고 그분의 백성의 구원자가 태어나 이 약속을 성취할 때까지 4,000년 넘게 시간이 흘렀다.

기다리는 동안 여러 이유로 또 다른 기다림들이 생겨났다. 우리는 이 모든 기다림에서 배울 수 있다.

노아의 기다림

노아는 인류의 첫 1,000년 동안 경건을 지킨 마지막 사람이었다. 그는 하나님께서 약속대로 땅을 쓸어버리실 때까지 120년을 기다렸다. 그러는 동안 그는 믿기지 않을 만큼 큰 배를 만들면서 "모든 걸 쓸어버릴 만한 대홍수가 있을 테니 회개하라"라고 담대하게 외쳤다. 그러나 자신이 전하는 회개의 메시지를 모든 사람들이 거부하자 낙담하지 않았을까? 아마도 배를 만들다가 망치를 집어던지며 구름 한 점 없는 하늘을 향해 주먹을 휘두르고 싶은 날이 틀림없이 있었을 것이다. 그러나 그때 그날이 왔다! 그리고 동물들이 짝지어 방주(方舟)에 들어갔다.

땅의 모든 걸 쓸어버린 대홍수가 끝났을 때 하나님께서 '노아의 언약'을 주셨고, 하늘에 약속의 무지개가 떴다(노아의 이야기는 창세기 6장 9절부터 7장 24절에 나온다).

아브라함의 기다림

창세기 12장에는 하나님께서 아브람에게 약속을 주시는 장면이 나온다. 대부분의 성경 연대표를 보면 이때 그는 75세였다. 25년 동안 그와 사래는 장소와 번영과 보호와 사람들에 관한 하나님의 약속이 이뤄지길 기다렸다(12:2,3).

하나님께서 아브람에게 말씀하셨다.

"내가 너로 큰 민족을 이루고(장소) 네게 복을 주어(번영) 네 이름을 창대하게 하리니 너는 복이 될지라 너를 축복하는 자에게는 내가 복을 내리고 너를 저주하는 자에게는 내가 저주하리니(보호) 땅의 모든 족속이 너로 말미암아 복을 얻을 것이라(사람들)."

그리고 22년 후에 하나님께서는 자신의 약속을 언약으로 확증해주셨다. 우리는 이 언약을 개인의 여정에서 하나님을 기다리는데 무수히 적용한다. 자녀가 없는 여인들은 사라를 생각하며 그녀가 받은 약속을 자신의 삶에 적용한다. 신앙 때문에 핍박받는 그리스도인들은 보호에 관한 약속을 자신의 삶에 적용한다. 하나님께서 그분을 섬기는 일에 놀랍게 사용하겠다고 약속하신 사람들은 이러한 번영에 관한 약속을 하나님나라를 위해 노력하고는 있지만 인정받지 못하는 자신들의 처지에 적용한다.

그리고 우리 부부 같은 사람들이 있다. 하나님께서 편안한 생활을 뒤로하고 가족과 친구와 친숙한 환경을 떠나 목적지도 알지 못한 채 남쪽으로 가라고 하셨을 때 우리는 장소와 복에 관한 약속을 적용했다.

하나님을 기다리는 동안 그분이 당신에게 주겠다고 약속하신 땅을 확인하라. 당신이 하나님을 계속 기다릴 수 있도록 영적으로 돌아가야 할 부분이 있는지도 살펴라.

그분의 길을 고수하라

시편 37편은 이렇게 말한다.

여호와를 바라고 그의 도를 지키라
그리하면 네가 땅을 차지하게 하실 것이라
악인이 끊어질 때에 네가 똑똑히 보리로다

시 37:34

하나님께서는 우리에게 그분이 아직 말씀하지 않은 곳으로 가라고 하셨다. 우리는 부르심을 그대로 받아들였고, 그때 이 구절은 그분이 우리의 삶에서 하시는 일을 확인해주는 중요한 말씀이 되었다. 아브라함과 사라에게 하셨듯이 우리의 길에 속도를 더해 새로운 약속의 땅으로 하루 빨리 인도해주시길 기다리며 기대와 흥분으로 이 구절의 전반부를 우리의 것으로 삼았다.

그러나 며칠이 몇 주로, 몇 주가 몇 달이 되면서 하나님을 향한 기다림은 점점 속도를 잃었고, 내가 예상한 것과는 다른 일이 일어 났다. 이사를 결정하고 주변 사람들에게 알린 지 두 달쯤 됐을 때 우리 집을 사겠다고 나서는 사람들이 자취를 감췄다. 그들이 부 동산 거래 상황에서 완전히 사라졌다.

그 후로도 몇 주 동안 많은 사람들이 집을 둘러보았으나 사겠 다고 나서는 사람은 없었다. 성경 구절이 약속하는 바와 달리 "높 아지는" 느낌이 전혀 없었다. 나는 낙담했고 혼란스러웠다.

이것이 하나님을 기다리는 내 첫 여정은 아니었다. 오래전에 긴 기다림 끝에 마침내 하나님의 약속이 영광스럽게 성취되는 광경을 본 후에 내 삶은 기쁨과 평안이 넘쳤다. 기도는 내 입술을 떠나 아 버지 앞에 이르자마자 응답되는 것 같았다.

새로운 기다림의 시간에 하나님께서는 나를 부드럽게 일깨우셨 다. 그분의 타이밍은 여전히 완벽하며, 그분의 약속은 영원히 신뢰 할 만했다. 우리의 기도는 응답될 것이고, 그분의 약속은 완벽한 그분의 계획에 따라 이루어질 것이었다. 우리는 '완벽하다'는 의미 를 '조만간'이란 뜻으로 이해하면서 계속 기다렸다.

다시 몇 주가 흘렀고, 나는 하나님의 약속을 신뢰하는 길에서 벗어났다. 하나님을 기다리는 힘겨운 가르침을 다시 받아야 했다. 남편은 기다리는 동안 나보다 훨씬 끈질긴 인내를 보여주었고, 내게 아름다운 뉴햄프셔의 집에 머물면서 남은 시간을 즐길 수 있게 해주신 하나님께 감사하라고 했다. 그는 "가라"라는 하나님의 부르심이 바뀌지 않았으므로 우리의 때가 아니라 하나님의 때에 가리라고 확신했다.

사랑이 가득한 그의 위로와 격려에도 불구하고 내 아침 기도는 일어나지 않는 일과 내가 마땅히 일어나야 한다고 생각하는 일에 집중되었다. 나는 하나님의 침묵을 그분의 꾸짖으심과 찌푸리심으로 느꼈다. 돌아보면 그때 하나님께서 침묵하신 까닭은 그분이 매일 되풀이되는 내 불평 사이에 조금도 끼어들 틈이 없으셨기 때문이다.

하나님 앞에서 침묵하던 어느 날, 내 마음에 말씀하셨다.

'딸아, 나는 네가 여기서 조금 더 기다리길 원한다.'

내 영혼은 마침내 하나님의 말씀을 들었다는 것만으로도 기뻤다. 나를 잊지 않으셨고, 우리가 그분과 함께하길 바라던 모험도 잊지 않으셨다! 성령의 능력이 폭풍처럼 내 마음에 몰아쳐 다시 기다리는 힘을 회복했다.

나는 시편 37편을 펴서 우리의 기다림을 위한 새로운 지혜의 말씀을 찾았다. "주님의 법도를 지켜라"라는 문구가 느닷없이 굵은 활자로 보였다. 마치 하나님께서 내게 다초점 안경을 씌워 그분의 '약속'이라는 먼 풍경뿐 아니라 '기다림'이라는 바로 앞의 디딤돌까지 볼 수 있게 해주시는 것 같았다. 내가 이 부분을 왜 놓쳤을까? 이 구절을 수십 번 읽었는데….

주님을 기다리며, 주님의 법도를 지켜라.
주님께서 너를 높여주시어
땅을 차지하게 하실 것이니,
악인들이 뿌리째 뽑히는 모습을
네가 보게 될 것이다.

시 37:34, 새번역

하나님을 간절히 기다려라.
그 길을 떠나지 마라.
그분께서 뭇 사람이 보는 앞에서
네게 자리를 주시리니,
악인이 자리를 잃는 것을, 너는 보게 되리라.

메시지

나는 기다림을 위한 지혜로운 이 말씀에 다시 초점을 맞추었다. 하늘에 계신 내 아버지를 기쁘게 하는 방식으로 하나님을 기다리는 게 내 바람이 되었다. 나는 우리가 약속받은 햇살 가득한 남부의 어느 곳을 간절히 원했다. 그러나 더 나아가 그 순간 우리가 처한 기다림의 풍경에서 하나님의 길을 고수하며 열렬히 기다리길 원했다.

"주님의 법도를 지켜라!"

이 말씀을 깊이 생각하면서 기다림에 관한 성경 구절을 찾아보기 시작했다. 어떻게 하나님의 길을 고수하며 기다려야 하는지 배우기로 결정했으며, 기다림이 성경을 관통하는 주요 주제라는 걸 발견했다.

호세아서 12장은 이렇게 말한다.

그러니 너희는 하나님께로 돌아오너라.
사랑과 정의를 지키며,
너희 하나님에게만 희망을 두고 살아라.

호 12:6, 새번역

기다림을 위한 지혜로운 두 번째 말씀은 "하나님께로 돌아오너라"이다. 여호와 하나님께서 그분의 백성에게 "너희는 반드시 내게 돌아와야 한다"라고 얼마나 자주 말씀하셨던가! 구약성경만 보더라도 하나님께서는 성실하지 못한 이스라엘 백성에게 "내게로 돌아오라"라고 열 차례 넘게 말씀하셨다.

이 명령은 느헤미야서, 이사야서, 예레미야서, 요엘서, 스가랴서, 말라기서에 나온다. 하나님께서는 이 말씀을 예레미야 선지자를 통해 자주 하셨고, 이스라엘을 향해 전심으로 돌아오라고 촉구하셨다.

나도 전심으로 하나님께 돌아가야 했다. 기다림의 시간에 대한 내 평가에서 돌이켜 하나님께서 말씀하시는 기다림의 방식으로 돌아가야 했고, 그분이 말씀하시는 기다림의 길로 돌아가야 했으며, 온 마음을 다해 그분을 신뢰해야 했다.

하나님께서는 당신의 백성이 어떻게 그분을 기다릴지를 이미 다 아시고, 우리가 기다리는 시간을 정하신다. 욥이 보여준 거의 완벽하고 신실한 기다림, 아브라함과 사라의 참담한 기다림 등 온갖 수준의 기다림을 보셨다.

구약성경의 전체에서 하나님께서는 신실하지 못한 이스라엘이 돌아오길 거듭 기다리셨다. 이스라엘은 경건한 삶에서 벗어나 죄악에 빠지기 일쑤였다. 그들이 지극히 비참한 지경에서 종살이를 할 때 하나님께서는 참으로 놀랍게 구해내셨다. 그들은 한두 세대만 신실하다가 조상들이 쌓은 하나님의 거룩한 제단을 버리고, 다시 이방 민족의 우상 앞에 절하는 생활로 돌아갔다.

그러나 하나님께서는 돌아오는 자들을 반갑게 맞고 구해내려 준비하며 기다리셨다. 그분이 우리를 기다리셨듯이 우리도 사랑과 정의를 지키면서 하나님을 기다려야 한다. 사랑과 정의, 이는 참 섞이기 어려운 단어다. 그러나 하나님께서 우리에게 요구하시는 기다림에 적용할 수 있는 단어다.

시편 37편 34절을 우리의 기다림에 다시 적용한 지 한 달 후, 우리 교회 가족들 사이에 큰 상처와 격변의 사건이 일어났다. 남편은 교회에서 집사로 섬기고 있었고, 나는 이러한 위기에 사로잡힌 자매를 멘토링하고 있었다. 하나님께서는 우리의 여정을 막고, 그 자리에 그대로 둔 채 당신의 사랑을 전하는 데 우리를 사용하실 참이었다. 교회를 치유하고 나아갈 방향을 제시하실 때 우리가 이러한 지체(遲滯)를 받아들이고, 그분과 함께하는 약속된 모험을 막으셔도 감내할 것을 믿으셨다.

위기가 가라앉고 치유가 시작되자 하나님께서는 우리 집을 간절히 구매하려는 사람을 보내셨고, 햇살 가득한 사우스캐롤라이나로 향하는 우리의 여정을 재개하셨다. 그리고도 아홉 달을 더 기다렸다. 이해와 치유를 기다리는 교회의 기다림과 용서와 회복을 기다리는 가정들의 기다림과 뒤섞인 기다림이었다.

그러는 동안에 하나님께서 우리의 편안한 삶을 방해하시듯이 그분의 주권적 권위로 함께 모험에 나설 것과 그분의 완벽한 타이밍을 기다리라고 요구하신다는 걸 깨달았다. 그때서야 우리는 "높아져 땅을 소유한다"라는 말의 의미를 이해할 수 있었다. '높아진다'는 말은 하나님을 기다리는 동안 그분의 길을 지켰기에 하나님께 존중받는다는 뜻이다.

욥은 하나님께서 자신을 고난에서 건져내고 회복시켜주시길 기다리면서 줄곧 그분의 길을 지켰다. 마찬가지로 우리도 하나님께서 기다림에서 건져내어 그분이 약속하신 결과로 회복시켜주시길 기다려도 좋다. 욥은 높아져 회복되었다.

여호와께서 욥의 곤경을 돌이키시고

여호와께서 욥에게

이전 모든 소유보다 갑절이나 주신지라

욥 42:10

당신이 하나님을 기다릴 때 하나님께서 그분의 길을 어떻게 지키라고 요구하시는지 또한 과거의 기다림을 돌아볼 때 하나님께서 어떻게 당신을 높여 그분이 약속하신 땅을 차지하게 하셨는지를 한번 생각해보라.

하나님께서는 자신을 잘 기다리는 자들을 언제나 육체적, 영적으로 회복시켜주신다. 우리는 욥이 받은 재물을 받지 못할지 모른다. 건강을 완전히 회복하지 못할지 모른다. 이 땅에서 모든 것을 회복하지 못할지도 모른다. 그러나 하나님께서는 회복의 땅, 햇살 가득한 그곳을 우리가 차지하게 될 때 우리를 높이실 것이다.

03

대체 왜인가요?

영적 구덩이에
빠지다

하나님께서 약속하신 땅은 우리의 손이 미치지 못하는 곳이지 결코 그분의 크고 강한 손이 미치지 못하는 곳은 아니다. 하나님의 약속은 그분의 아름다운 마음에서 시작되기에 그분은 자신이 약속하신 땅을 미리 둘러보신다. 약속의 땅으로 향하는 길에 펼쳐지는 언덕과 우회로와 구덩이가 있는 기다림의 풍경을 이미 다 둘러보셨다.

예레미야서 29장은 자주 인용되는 약속을 우리에게 준다.

내가 너희를 두고 계획하고 있는 일들은

재앙이 아니라 번영이다.

너희에게 미래에 대한 희망을 주려는 것이다.

렘 29:11, 새번역

도저히 극복하지 못할 것 같은 문제가 연이어 일어나고, 마치 우리의 세상이 기우는 것같이 느껴질 때 이 구절에서 희망을 발견한다. 이는 우리의 영혼에게 완전하신 하나님을 새롭게 신뢰하라고 요구한다. 약속된 번영의 미래로 우리를 데려갈 그분의 계획에 충실히 따르라고 한다.

하지만 우리는 하나님께 이 계획을 보여달라고 요구한다. 우리 삶의 여정에서 절대 해를 끼치지 않고, 늘 번영으로만 인도하는 일정표를 원한다. 또 하나님께서 우리를 영적 GPS에 연결해주시길 원한다. 가장 빠른 시간에 가장 짧은 길로 그분이 약속하신 땅에 이르길 바라는 것이다!

우리가 비참한 상황에서 깊이 기도할 때 하나님께로부터 약속의 말씀을 듣는다. 실직하여 청구서가 쌓여가는 가운데 새 직장을 구할 때, 항암 화학치료를 더 이상 받지 못할 만큼 약해져 치유를 구할 때, 죄로 가득한 세상에서 길을 잃고 헤매는 자녀가 집으로 돌아오길 구할 때, 영적 독신의 아픔이 하나님에 대한 신뢰를 위협하는 상황에서 배우자의 구원을 구할 때 우리는 그분의 약속을 듣는다.

당신의 상황이 통제가 불가능할 때 하나님께서는 당신에게 어떤 약속의 말씀을 주셨는가? 그분이 해결하지 못하실 어려운 일은 없다. 그래서 조금만 기다리면 약속이 성취되리라고 기대하게 된다. 다시 직장을 얻고, 병이 완치가 되고, 반항하던 자녀가 집으로 돌아오고, 믿음이 없는 남편이나 아내가 결국은 믿음을 갖게 되리라고.

하지만 기다리는 시간이 예상보다 길어지면 주님과 함께 걷는 그 걸음이 부담스러워진다. 기다리는 동안 주님과 함께 걷는 당신의 발걸음을 생각해보라.

주님과 팔짱을 낀 채 아직 보이지 않지만 약속을 향해 낯선 세계를 잘 헤쳐 나가고 있는가? 주님과 손을 잡고 있지만 약속에 대한 확신이 없어 자주 그분의 얼굴을 쳐다보는가? 미적대며 천천히 어두운 기다림의 풍경 속으로 더 깊이 들어가면서도 손가락 끝만 마주칠 뿐, 주님과 팔짱은커녕 손도 제대로 잡지 않고 있는가?

어떤 사람들은 무기력하게 팔을 늘어뜨린 채 가만히 서 있는지도 모른다. 우리를 해치지 않고 번영하도록 하실 거라고 믿는 그분 뒤에서 말이다. 신뢰에서 불안으로, 불안에서 의심으로, 마침내 절망으로 향할 때 기다림의 풍경을 지나 하나님께서 약속하신 땅에 이르는 여정은 자주 지체된다. 생각 속에서 일기 시작하는 의문은 우리의 마음에 불안을 안겨준다. 우리의 세상을 기울어지게 했던 위기들은 마침내 하나님에 대한 신뢰를 좀먹고, 우리를 절망에 빠뜨린다. 이런 절망의 구덩이에 빠졌을 때, 우리 마음은 "왜"라고 외친다.

"하나님, 왜 저예요? 왜 제 가족입니까? 왜 이렇습니까? 왜 지금인가요?"

우리는 엎드려 마음에서 일어나는 질문을 쏟아내며 흐느낀다. 문을 박차고 나가 아픔과 실망에서 가능한 멀리 달아나려고 한다. 직장이나 자리를 잃은 분노와 좌절감을 이기지 못하고 우리에게 희망과 미래를 약속하신 하나님께 "왜 나여야만 하냐"라고 소리친다. 우리는 영적 구덩이에 빠졌다.

구덩이에서
기다리기

예레미야는 선지자로서 하나님의 백성들에게 회개하라고 촉구하는 사역을 하면서 바닥을 숱하게 경험했다. 이 구절을 쓴 예레미야가 어깨까지 진흙이 차오르는 어둡고 습한 구덩이에 던져졌을 때 무슨 희망과 미래를 보았겠는가!

예레미야서 38장은 그가 진흙 구덩이에서 죽음을 코앞에 두었던 때가 가장 밑바닥까지 떨어져 깊은 절망에 처했던 순간이었다고 말한다. 여기서 예레미야가 실제로 '구덩이'에 던져진 상황은 바벨론의 느부갓네살 왕이 보낸 군대가 예루살렘을 함락하려는 순간에 유다 왕국이 처한 가장 절망적인 상황과 아주 비슷하다.

예레미야는 구덩이에서 "왜"라고 물었던 자신의 외침을 예레미야애가 3장에 기록했다.

오 하나님, 제가 주의 이름을 불렀습니다.
구렁 밑바닥에서 소리쳐 불렀습니다.
'귀를 막지 마십시오! 여기서 꺼내주십시오!
저를 건져주십시오!'
그러자, 주께서 들으셨습니다.
제가 소리쳐 부르자 주께서 가까이 오셨고,
말씀해주셨습니다.
'염려하지 마라.'

애 3:55-57, 메시지

이것은 단순히 예레미야 자신이 처한 절박한 상황이 아니라 하나님의 백성이 바벨론에 무너지고 멸망당해 노예가 될 상황을 말하는 것이기도 하다.

예레미야만 이렇게 외친 게 아니다. 성경은 하나님을 향해 외친 "왜"라는 물음으로 가득한다. 어떤 사람들은 마른 구덩이에서, 또 어떤 사람들은 진흙 구덩이에서 외쳤다. 성경 전체에 나오는 구덩이는 감금이나 죽음의 장소였다.

창세기에 구덩이 이야기가 처음 나오는데 그 주인공은 요셉이다. 요한계시록은 사탄이 1,000년간 갇힌다고 말한다(계 20장). 몇몇 구덩이 이야기를 살펴보자.

요셉의 구덩이

형들은 채색 옷을 입은 요셉을 구덩이에 던졌다(창 37장). 그가 거기에 갇혀 있는 동안 하나님께서 자신에게 희망과 미래를 주려는 계획을 갖고 계신다고 생각했을까 아니면 기어오를 수도 없는 벽만 하염없이 쳐다보았을까?

하나님께서는 구덩이에 던져진 소년을 번성케 하려고 계획하셨다. 그러나 그 계획은 요셉이 30세가 되어 바로가 자신의 인장(印章) 반지를 끼워주고, 그에게 애굽을 맡겼을 때에야 비로소 성취되었다.

요셉은 어린 시절의 꿈이 실현되어 그가 바로의 집에서 특별하고 큰 책임을 맡는 자리에 오를 거라고 생각지 못했을 것이다. 그러나 그 꿈은 그가 구덩이에 던져져 죽음을 기다리는 동안 만났을 법한 악몽이 아니었다. 오랜 시간이 흐른 후에 요셉이 형들을 다시 만났을 때 그가 다정하게 말한다.

두려워하지 마소서 내가 하나님을 대신하리이까
당신들은 나를 해하려 하였으나
하나님은 그것을 선으로 바꾸사
오늘과 같이 많은 백성의 생명을
구원하게 하시려 하셨나니

창 50:19,20

다윗의 구덩이

다윗은 시편 40편에서 하나님께서 자신을 어떻게 진흙 구덩이에서 건져내어 반석 위에 든든히 세우셨는지를 회상한다. 다윗이 살아온 이야기는 우리의 이야기와 자주 상통한다.

그는 하나님의 약속을 기다렸고, 오랜 세월을 전쟁터에서 보냈으며, 연이어 상실의 슬픔을 겪었고, 오랫동안 천천히 죄에 빠졌다. 우리의 이야기와 다를 바 없는 그의 이야기는 우리에게 희망을 주고, 우리가 하나님께 다시 초점을 맞추도록 돕는다.

그의 이야기는 우리를 진흙 구덩이에서 건져내어 견고한 반석에 굳건히 세우시려는 하나님의 계획을 상기시켜준다.

다니엘의 구덩이

다니엘서 6장은 다니엘이 하나님을 신실하게 예배했기 때문에 굶주린 사자들이 득실대는 구덩이에 던져졌다고 말한다. 끔찍하고 확실한 사형 집행이었다! 다리오 왕은 다니엘이 꿈과 벽에 나타난 글씨를 해석한 데 깊이 감동해 그의 하나님께서 그를 기적적으로 구조해내길 바랐다. 왕은 뜬 눈으로 밤을 새고 날이 밝자마자 그의 뼈라도 찾으려고 달려간다.

그런데 다리오 왕이 구덩이에서 사자의 울음 대신에 "나의 하나님이 이미 그의 천사를 보내어 사자들의 입을 봉하셨으므로 사자들이 나를 상해하지 못하였사오니 이는 나의 무죄함이 그 앞에 명백함이오며"라고 말하는 다니엘의 밝은 목소리를 들었다(22절). 그때 그의 표정이 어땠을지 상상해보라. 다리오 왕은 다니엘을 구덩이에서 건져내고, 모두에게 그를 기적적으로 구원하신 하나님을 예배하라고 명했다!

우리는 사자굴에서 무슨 일이 있었는지는 모른다. 그러나 다니엘이 확실한 죽음에서 하나님의 구원을 경험한 게 그때가 처음이 아니었다는 건 알고 있다. 한 번이 아니었다. 두 차례나 다니엘은 위기 가운데서 하나님의 임재를 경험했다. 그가 자신의 환경에 집중하거나 하나님께서 자신을 구해주시길 기다리는 데 집중하지 않고 줄곧 하나님께만 집중했기 때문이었다.

"하나님, 왜 제게 이런 일이 또 일어납니까?"

"왜 그가 다시 마약 중독에 빠집니까?"

"왜 질병이 다시 그의 몸을 덮치는 것입니까?"

우리가 하나님을 향해 이처럼 소리칠 때 기억할 것이 있다. 그분은 우리가 지금 여정의 어디쯤에 있는지 아시고, 우리의 삶을 위한 지속적인 계획을 갖고 계시며, 우리를 마냥 기다리는 자리에 버려두지 않으신다는 것이다. 그러므로 우리는 모든 의문의 외침을 내려놓고, 다니엘처럼 우리의 아버지이신 하나님께 집중해야 하는 것이다.

요나의 구덩이

요나서는 큰 물고기에 관한 이야기일 뿐 아니라 '물고기 뱃속'이라는 구덩이에서 벗어나는 이야기이기도 하다. 요나는 자신의 몸

부림을 2장에서 들려준다.

> 내가 받는 고난으로 말미암아
> 여호와께 불러 아뢰었더니
> 주께서 내게 대답하셨고
> 내가 스올의 뱃속에서 부르짖었더니
> 주께서 내 음성을 들으셨나이다
> 주께서 나를 깊음 속 바다 가운데에 던지셨으므로
> 큰 물이 나를 둘렀고
> 주의 파도와 큰 물결이 다 내 위에 넘쳤나이다.
>
> 욘 2:2,3

요나의 이야기에는 우리가 오랜 기다림으로 아픔과 사랑과 슬픔에 빠졌을 때 경험하는 기다림의 구덩이를 생각나게 하는 구덩이가 나온다. 그러나 우리는 요나의 말에서 희망을 얻을 수 있다.

> 나의 하나님 여호와여
> 주께서 내 생명을 구덩이에서 건지셨나이다
> 내 영혼이 내 속에서 피곤할 때에
> 내가 여호와를 생각하였더니

내 기도가 주께 이르렀사오며

주의 성전에 미쳤나이다

욘 2:6,7

요나의 기도처럼 우리의 기도는 우리의 구덩이에서 하나님의 보좌가 있는 방으로, 대제사장이신 예수님이 아버지 우편에 앉아 우리를 위해 늘 중보하시는 하늘의 지성소로 올라간다.

때로 우리는 하나님께 들은 약속을 기다리면서 점점 더 나빠지는 상황에 처하기도 한다. 하나님께 순종하고 그분의 약속을 신뢰하면서도 미끄러운 기다림의 언덕길에서 오랫동안 기다리는 것처럼 보인다. 그때 우리는 요셉이나 다윗, 다니엘이나 요나처럼 구덩이에 빠지는 것처럼 느낀다.

주변을 둘러보면 기어오르지 못할 벽밖에 보이지 않고, 위를 올려다보면 바늘처럼 가느다란 한 줄기 빛만이 보일 뿐이다. 구조하는 소리가 듣고 싶지만 들리는 거라고는 우리를 삼키려고 으르렁대는 사자들의 울음 소리뿐이다.

이때 이 모든 것에 귀를 막고 눈을 감아야 한다. 우리의 눈을 믿음을 완전케 하시는 예수님에게 집중해야 한다. 그럴 때 우리의 귀가 다시 조율되어 "내가 너희와 항상 함께하리라"(마 28:20)라는 그분의 말씀이 들릴 것이다. 또 우리의 입술은 미가 선지자처럼 외칠 것이다.

지금 당신의 기다림이 절망의 구덩이가 되어 하나님을 향해 외치고 있는가? 구조받을 준비를 하기 위해 당신의 눈과 귀를 예수님께 다시 집중하라. 그러면 기다리는 중에 반드시 하나님의 강한 팔이 당신을 절망에서 건져내는 것을 경험할 것이다.

그러나 나는 희망을 가지고 주님을 바라본다.
나를 구원하실 하나님을 기다린다.
내 하나님께서 내 간구를 들으신다.

미 7:7, 새번역

확신해도 좋다. 하나님께서는 당신이 절망의 구덩이에서 뒹굴도록 내버려두실 생각이 없다! 요셉과 다니엘과 요나는 모두 각자의 구덩이에서 보호받았다. 각자 다른 방식으로, 그들이 상상하지 못한 방식으로 구조되었다.

요셉은 애굽으로 내려가던 미디안 대상(隊商)에게 구조되었다. 다윗은 하나님의 영적 손이 자신을 거의 실제적으로 절망에서 건져내어 견고한 영적 반석에 세우시는 것을 느꼈다. 다니엘은 하나님의 천사가 자신과 함께하면서 임박한 죽음에서 구해내는 걸 다시 한 번 경험했다. 그리고 요나는 하나님의 명령으로 물고기가 그를 토해내어 순종의 기회를 다시 한 번 얻게 된다는 게 무엇인지 알게 되었다.

하나님께서는 그분의 약속을 기다리도록 우리를 선택하셨다. 기다리는 동안 절망의 구덩이에 빠지는 건 그분의 계획이 아니다. 우리가 절망의 구덩이에서 "왜"라고 외치는 소리를 들으실 때나 우리가 "여호와여 우리에게 은혜를 베푸소서 우리가 주를 앙망하오니 주는 아침마다 우리의 팔이 되시며 환난 때에 우리의 구원이 되소서"(사 33:2)라고 외치는 소리를 들으실 때, 하나님께서는 우리를 구해내어 굳건한 반석에 세우시고, 새로운 인내와 희망으로 그분의 약속을 기다리게 하신다.

04

기다림의 본보기

하나님과
함께하는 모험

내가 성경에서 '기다림'이란 단어를 연구할 때마다 하나님께서는 기다림의 본보기가 될 만한 영적 가르침과 그 시간에 경건하게 행동하도록 돕는 지침을 주셨다. 그래서 나는 하나님께서 내가 기다리도록 선택하셨고, 기다릴 것을 믿으셨다고 확신하게 되었다. 또한 내가 절망의 구덩이에서 "왜"라고 외치는 소리를 듣고, 그분의 강한 팔로 나를 구해내셨다는 것을 알았다. 그러나 기다림의 땅을 하나님과 함께 지나는 여정에서 내게 어떤 행동을 기대하시는지는 알지 못했다.

우리 집에서는 학교에서 교과 성적을 잘 받는 것만큼이나 품행 평가에서 최고 등급을 받는 게 중요했다. A학점을 받으면 박수를 받았다. B학점을 받으면 부모님이 납득하실 때까지 긴 토론이 이어졌다. C학점이 섞인 성적표가 집에 오면 토론은 훨씬 살벌해졌다. 그래도 부모님이 내 성적표에서 낙제 과목을 찾지 못하신 게 감사하다.

그러나 품행 평가에서 하나라도 1등급에 미치지 못할 때면 다음에 1등급을 받지 못하면 어떻게 되는지를 엄히 경고하셨다. 아버지는 '무관용 정책'(Zero-Tolerance Policy, 처벌을 대단히 엄격하게 가하는 정책)이란 용어가 오늘날 학교에서 사용되기 오래전에 이 원칙을 적용하신 것 같다.

나는 품행 평가를 2등급에서 1등급으로 올리면서 '책대로' 소녀가 되었다. 나는 새로운 상품에 따라오는 설명서를 읽고 그대로 따르며, 바느질도 책에서 하라는 대로 하고, 간호사로서 환자들을 돌볼 때도 지침을 정확히 지킨다. 나는 약속된 좋은 결과를 보장하는 행동 지침을 좋아한다.

하나님을 기다려야 할 때 소파에 앉아 《Waiting for God for Dummies》(초급자를 위한 하나님을 기다리는 법)를 하룻밤에 다 읽었다. 그리고 하나님을 기다리는 올바른 행동을 제대로 이해할 수 있으면 좋겠다는 생각을 했다. 기다림의 기본을 설명하는 교과서가 있다면 책상에 앉아 새로운 주제, 곧 '하나님 기다리기'에 관한 언어와 적절한 행동을 다 암기할 수 있을 것 같았다.

나는 집이 팔리길 기다리면서 하나님 기다리기에 관한 지침이 그분이 쓰신 성경에 있다는 걸 알게 되었다. 어느 날 아침, 사도 바울이 한 말을 통해 하나님께서 내게 분명히 말씀하셨다.

모든 사람에게 구원을 주시는
하나님의 은혜가 나타나 우리를 양육하시되
경건하지 않은 것과 이 세상 정욕을 다 버리고
신중함과 의로움과 경건함으로 이 세상에 살고
복스러운 소망과 우리의 크신 하나님
구주 예수 그리스도의 영광이 나타나심을
기다리게 하셨으니

딛 2:11-13

"하나님의 은혜"라는 어구는 그날 아침 주님과 함께하며 들이마신 신선한 공기였다. 남편과 나는 "은혜"라는 단어를 사랑한다. 이 말은 우리 구주 예수님이 갈보리에서 우리를 위해 하신 모든 일을 한마디로 요약해준다. 하나님의 크신 사랑과 긍휼과 용서와 예수 그리스도를 통해 주시는 영생을 모두 아우르는 말이기 때문이다.

은혜는 우리의 영혼이 회복되어 이 땅에서 온전히 그분 안에 살고, 영원히 그분과 함께 사는 것이다. 성령께서 하루 종일 매 순간 임재하시고 후회스런 순간순간의 죄를 용서하신다는 약속이다. 그날 아침, 하나님의 은혜는 내게 두 가지를 일깨워주었다.

하나는 내가 예수님과 함께한 갈보리 경험을 통해 구원받았다는 것이고, 또 다른 하나는 내가 목적 의식을 갖고 앞으로 나아가는 날이든, 주님의 약속이 이뤄지길 가만히 기다리는 날이든 주님께서 언제나 내 삶을 인도하시도록 맡겼다는 것이다.

우리는 날마다 임하는 은혜에 집중하기 시작했고, 그것은 하나님을 기다리는 시간에 관해 우리에게 새로운 가르침을 주었다.

집이 팔리지 않자 부동산 중개업자가 여러 제안을 했다. 사람들이 너나없이 친환경 카펫을 새로 깐 집을 찾으니 카펫을 다시 깔아보라고 했다. 하지만 최근에 팔린 집을 찾아가 쓰레기통이 놓인 집 입구까지 깔린 카펫을 보고는 돈을 낭비하는 그런 짓은 하지 않기로 했다.

또 단기 융자를 받는 게 좋겠다는 말도 들었다. 그러면 우리가 사우스캐롤라이나에서 사려는 집을 살 수 있을 뿐 아니라 집이 팔릴 때까지 시간도 벌 수 있다고 했다. 그러나 우리는 하나님께서 우리에게 경제적인 짐을 지우길 원치 않으신다는 걸 알았다.

매우 낙담한 중개인은 조그마한 성인상(聖人像)을 앞뜰에 묻으라고도 했다. 이튿날, 나는 시편에서 이런 말씀을 읽었다.

병거를 믿는 사람이 있는가 하면,
기마를 믿는 사람도 있습니다.
그러나 우리는 여호와 하나님의 이름을 믿습니다.

시 20:7, 쉬운성경

우리는 앞뜰에 부적 같은 걸 묻겠다는 생각은 절대 하지 않았다. 하나님께서 원치 않으심을 알기 때문이었다. 우리는 시편 기자처럼 "우리는 여호와 하나님의 이름을 믿습니다"라고 고백했다. 하나님과 함께 큰 모험을 시작할 때가 마침내 오리라는 것도 알고 있었다.

기다림이 길어지자 여러 조언을 들었지만 남편은 여전히 냉정하고 강했다. 그는 아주 사랑스런 뉴햄프셔의 우리 집에 그대로 있는 게 복이라고 내게 줄곧 일깨워주었다. 그럼에도 나는 하나님을 신뢰하는 자녀의 모습을 점점 잃고, 구덩이에 빠져 허덕이며 겨우 연명했다.

남편은 그런 나를 부드럽게 일깨워주었다. 우리는 하나님과 함께하는 새로운 모험으로 우리를 이끄시겠다는 하나님의 약속을 받은 복된 사람들이며, 기다림 가운데 그분을 신뢰한다는 증거를 계속 보여주고 있다고 말했다. 나는 그의 장황한 격려에 반쯤 귀를 기울이면서도 기다리는 동안 절제하고, 올바르며, 경건하게 산다는 게 무엇인지 하나님께 보여달라고 요청했다.

인내 카드를 쓰라

우리는 하나님을 기다릴 때 얼마나 자주 '인내 카드'('인내'라고 쓰인 카드)를 흔들어 보이는가? 우리에게 인내를 구하는 기도를 하지 말라고 경고하는 바로 그들이 우리가 가장 약한 순간에 그것을 주저 없이 흔들어 보인다. 누군가 인내 카드를 내 앞에서 흔들 때마다 그것이 일으키는 작은 바람에 내 눈에서 눈물이 흘렀다. 나는 그것을 낚아채서 갈기갈기 찢고 싶었다.

내 머리는 경건치 못한 조급함과 교만함에 젖어 이렇게 외치고 싶었다.

"이게 얼마나 힘들고 내가 얼마나 오래 기다렸는지 네까짓 게 알기나 해! 하나님이 내게 약속하셨단 말이야. 네가 그 약속을 알기나 하냐고!"

하나님께서는 그분의 자녀들을 교만함과 조급함으로 가득한 마음을 깨닫는 구절로 인도하시고야 만다. 이따금 그분은 우리를 친숙한 땅으로 되돌리셔야 한다. 우리가 그 땅을 지나는 동안 모든 교훈을 다 배우지 못했기 때문이다. 나는 하나님 기다리기에 관한 구절로 되돌아가고 싶지 않았다. 내가 발을 딛고 설 굳건한 터전에 이르렀으며, 그저 몇몇 행동 지침을 놓치고 있을 뿐이라고 생각했다.

하나님께서는 그런 나를 시편 40편 1-3절로 다시 돌이키셨다.

내가 여호와를 기다리고 기다렸더니
귀를 기울이사 나의 부르짖음을 들으셨도다
나를 기가 막힐 웅덩이와 수렁에서 끌어올리시고
내 발을 반석 위에 두사 내 걸음을 견고하게 하셨도다
새 노래 곧 우리 하나님께 올릴 찬송을 내 입에 두셨으니
많은 사람이 보고 두려워하여 여호와를 의지하리로다

"내가 여호와를 기다리고 기다렸더니", 이 첫 구절에서 내 생각과는 달리 내가 굳건한 터전에 이르지 못했다는 걸 깨달았다. 이 말씀은 하나님께서 나를 기다림의 풍경에 두실 때 그분을 기쁘게

하는 행동이 무엇인지 보여주었다. 작가가 각 장에서 강력한 첫 문장으로 독자의 주의를 집중시키려 하듯이 하나님께서도 가르치실 교훈이 있을 때 성경 각 장에서 첫 단어로 우리의 주의를 집중시키신다.

하나님께서 인내 카드를 내 앞에서 흔들고 계셨다. 이번에는 그 카드가 일으키는 바람이 시원하게 느껴졌고, 그분이 나를 진흙 구덩이와 절망에서 구해내 굳건한 신뢰의 반석에 세우셨다는 걸 깨닫게 해주셨다. 시편 기자는 3절에서 "새 노래 곧 우리 하나님께 올릴 찬송을 내 입에 두셨으니"라고 노래한다.

나는 머릿속으로 새 노래, 곧 찬송을 찾아보았다. 곧바로 〈주님의 시간에〉(In His Time)라는 찬양이 떠올랐다.

주님의 시간에 그의 뜻 이뤄지기 기다려

하루 하루 살 동안 주님 인도하시리

주 뜻 이룰 때까지 기다려

기다려 그때를 그의 뜻 이뤄지리 기다려

주의 뜻 이뤄질 때

우리들의 모든 것 아름답게 변하리 기다려

이 찬양이 기다림이란 전적으로 하나님의 시간에 관한 것이지

내 시간에 관한 게 아님을 일깨워주었다. 하나님께서는 내게 말씀하신 전부를 행하실 뿐 아니라 그분의 길을 우리에게 가르치시고, 약속하신 모든 걸 그분의 때에 아름답게 이루심을.

이 찬양은 우리의 기다림을 위한 주제곡이 되었다. 매일 아침 경건의 시간을 이 곡으로 시작했다. 하나님께서 약속하신 바를 기다린다는 말은 그분의 길을 배우고, 그분의 시간을 신뢰한다는 뜻이다. 머리와 가슴에서 의심이 일어날 때면 나는 이 찬양을 부르면서 하나님께서 말씀하신 그대로 하시리라는 걸 스스로 일깨웠다. 하루가 끝났는데도 우리의 기다림이 한 발짝도 나아가지 못했을 때는 저녁 기도로 이 찬양을 불렀다. 찬양은 위로의 노래가 되었고, 하나님의 때에 모든 게 이루어지리라는 걸 깨닫게 해주었다.

시편에는 우리가 하나님을 기다리는 시간의 길잡이가 되는 말씀이 많다. 구약 시대에 하나님의 백성에게 억압에서 해방되고, 약속된 이스라엘의 구속이 이뤄지며, 메시아가 오시길 오랜 세월 기다리면서 어떻게 경건하게 행동해야 하는지 분명히 가르쳐주었다. 시편 33편은 내가 기다리면서 취해야 하는 두 번째 행동을 가르쳐주었다.

주님은 우리의 구원자이시요,

우리의 방패이시니,

우리가 주님을 기다립니다.

시 33:20, 새번역

인내에 이어 기다리면서 취해야 하는 두 번째 행동은 '소망'이
다. 바울은 소망을 사랑과 매우 근접한 위치에 두며, 소망이 예수
님을 주님으로 따르는 삶에서 세 모퉁잇돌 가운데 하나라고 말한
다: 믿음, 소망, 사랑(고전 13장).

우리가 기다릴 때 주님은 우리의 소망일 뿐 아니라 기다림 가운
데 도움과 방패가 되려는 그분의 소망으로 우리를 채우신다. 이것
은 미온적으로 "그래, 그렇게 되면 좋겠어"라는 말이 아니다. 어깨
를 으쓱하며 "그래, 주님이 말씀대로 하시길 바라"라는 말도 아니
다. 우리의 도움과 방패가 되는 이 소망의 행위는 우리가 절망에서
건져져 굳건한 터전에 세워질 때 우리에게 매우 중요하다.

오늘 우리에게 이 소망은 '예수 그리스도'라는 반석 위에 서는
것이다. 이 소망의 행위는 성경 전체에서 나타난다. 통나무를 켜고
못질을 하며 방주를 짓는 노아, 땔감을 진 나귀를 이끌고 이삭과
함께 산에 오르는 아브라함, 여리고 성벽에 자리한 자신의 집 창
문에 붉은 줄을 내리는 라합, 왕의 부름을 받지 않고서는 들어갈
수 없는 알현실에 담대하게 들어가는 에스더에게서 나타난다.

이것은 선한 의도를 가진 친구들에게 "그가 나를 죽이시리니 내가 희망이 없노라 그러나 그의 앞에서 내 행위를 아뢰리라"(욥 13:15)라고 외치는 욥에게 나타나며, 옥에 갇혀 기도하고 찬양하는 바울과 실라에게도 나타난다.

이들의 기도와 찬양은 이들이 복음을 증언하도록 도왔고 땅이 흔들릴 때 이들의 방패가 되었다. 소망이 가득한 행위는 우리가 인내하고 기다리며 부르는 노래와 하나가 되었고, 주님을 기다리는 시간의 핵심이 되었다.

나는 앞서 하나님을 "기다리다"(wait for)라는 말이 하나님을 "섬기다"(wait on)는 말과 다르다고 했다. 그러나 친밀하게 하나님과 함께하는 시간을 통해 그분을 섬기지 않으면 제대로 기다릴 수 없다. 우리가 예수님의 발 앞에서 기다리지 않고, 소망이 가득한 채 그분 앞에서 섬기지 않으며, 새롭게 하겠다는 그분의 약속을 붙잡지 않는다면 인내와 소망으로 기다릴 수 없다.

이사야서 40장 31절을 우리에게 주시는 성경 말씀으로 삼을 수 있다.

오직 주님을 소망으로 삼는[wait upon the LORD, KJV]
사람은 새 힘을 얻으리니,
독수리가 날개를 치며 솟아오르듯 올라갈 것이요,

뛰어도 지치지 않으며, 걸어도 피곤하지 않을 것이다.

이것은 우리의 반석이요 구원이신 주님과 함께 설 때 주님께서
우리에게 주길 원하시는 새로운 소망이요 힘이다.

하나님께서 약속의 말씀을 주셨으나 그 약속이 이뤄지길 기다
리는 시간이 일정표나 안내문도 없이 마냥 계속되고, 당신이 갑자
기 어둡고 낯선 기다림의 풍경에 처하고, 주님이 당신에게 무엇을
요구하는지 알지 못할 때 "인내하며 기다리라"라는 그분의 노래에
귀를 기울여라. 당신의 소망이신 예수님께 소망을 두고, 도움과
방패가 되실 그분께 시선을 다시 고정하라.

—

기다릴 때 하나님의 계획이 펼쳐지는 모습을 보겠다는 간절함과

그분이 우리를 위해 일하시리라는 기대가 없다면

우리는 매우 고통스러울 것이다. 하나님께서 모든 게

준비되었을 때 약속하신 대로 움직이시리라는 희망을

성령께서 우리에게 알게 하실 때 즐거운 기대를 품을 수 있다.

Part 2

아프지만
잠잠히 기다리기

05

언제나 기다리는 여인

시련의
선물

"긍정적으로 생각하세요. 고생 끝에 낙이 온다잖아요!"

"걱정하지 마세요. 행복한 시간이 곧 올 거예요!"

나는 기다리거나 고통을 겪는 사람들에게 절대 이렇게 말하지 않겠다고 스스로 다짐했다. 많은 경우에 오해를 받으며 오래 기다릴 때 친구들이 좋은 뜻으로 하는 이런 멋진 말에 대해 내 반응은 당신이 힘들게 기다릴 때 보이는 반응과 다르지 않다.

'그래, 그렇게 말하기는 쉽겠지. 네가 내 처지가 되면 그런 말이 나올까?'

하나님의 약속이 이뤄지길 기다리는 시간이 마냥 길어지면 설령 약속을 주신 분께 굳건한 소망을 두고 소망의 찬양을 부를 때라도 행복하지 않기 일쑤다.

내가 매우 현실적이라고 생각하는 야고보 사도는 유대인 신자들에게 보내는 편지에서 그리스도인의 삶에 관한 지침을 제시한다. 그는 짧은 인사로 편지를 시작한 뒤 깜짝 놀랄 만한 강타를 날린다.

내 형제들아
너희가 여러 가지 시험을 당하거든
온전히 기쁘게 여기라
이는 너희 믿음의 시련이 인내를 만들어내는 줄
너희가 앎이라
약 1:2,3

새번역 성경은 우리가 앞 장에서 말한 구덩이의 분위기를 조금 내포하며 이렇게 옮겼다.

나의 형제자매 여러분,
여러 가지 시험에 빠질 때에,

그것을 더할 나위 없는 기쁨으로 생각하십시오.

여러분은 믿음의 시련이

인내를 낳는다는 것을 알고 있습니다.

《메시지》는 우리에게 각 시련을 '선물'로 여기라고 독려한다. NLT(New Living Translation) 성경은 시련을 "기뻐할 기회"라고 말한다. 어느 번역을 취하든지 메시지는 분명하다. 모든 그리스도인은 시련의 시간을 만난다. 그때 고난 가운데 기뻐해야 하고, 인내하는 가운데 신앙이 성숙해야 한다.

우리의 시련이 기다림의 시련이고, 기다림이 고난 가운데 하나라면 인내하는 중에 어떻게 기쁨을 찾아야 하는가? 도대체 어떻게 우리의 시련을 선물로 볼 수 있단 말인가?

에이브러햄 링컨은 "사람들은 자신이 행복하기로 결심한 그만큼만 행복하다"라고 했다. 나는 이런 종류의 행복에서는 실패자였다. 이를 악물고 미소를 띠며 매일의 기다림을 행복하게 헤쳐 나가며 "모든 것들이 하나님의 손 안에 있어"라는 태도를 취하기로 결심했다. 나를 잘 아는 사람들이 내 어깨를 두드리며 뭘 안다는 듯이 고개를 가로저었다. 나는 행복을 기다림이 아니라 약속에 두었다.

당신은 행복과 기쁨이 실제로 서로 다르다고 생각하지 않는가?

나도 동의한다. 경험을 통해 그것을 알았다. 우리가 '믿음'이라는 기쁨의 마차에서 떨어져 '기다림'이라는 구덩이에 빠지면 영적, 육적 시야가 흐려진다. 기도로 하나님께 나아갈 때마다 눈에서 눈물이 흐르고, 행복해야 할 이유를 하나도 찾지 못할 만큼 영적 시야가 흐려진다. 기다리는 중에 우리의 영적 기쁨은 이내 바닥을 드러낸다.

메리는 건강 검진에서 유방암이 발견되었을 때 행복을 비롯한 모든 것을 보류했다. 삶이 느닷없이 방사선 치료와 수술과 항암화학치료로 다시 정의되었다. 킴은 혼자 벌어서는 늘어나는 빚을 도저히 감당할 수 없었으며, 남편이 언제 새 직장을 얻을지 기약도 없이 기다렸다. 그러자 기쁨이 빠르게 바닥나는 걸 느꼈다. 그녀는 자신의 행복을 남편이 새 직장을 얻어 빚을 다 갚는 날까지 보류했다.

엘리자베스는 남편이 그리스도를 믿게 해달라고 여러 해 동안 기도했지만 하나님께서 주신 약속이 이뤄지지 않아 낙심했다. 수십 년 전에 주신 약속을 믿고 기다리는 동안 그녀의 영혼은 지칠 대로 지쳤고, 기쁨의 잔은 말라버렸다. 진정한 행복은 그녀가 그리스도 안에서 남편과 친밀한 믿음을 나누는 날까지 보류되었다.

내 기다림처럼 당신의 기다림도 행복한 자리는 아니다. 그러나 현실적인 야고보 사도는 이 모두를 기쁨으로 여겨야 한다고 말한다. 행복하지만 진부한 일상을 살며, 읽고 나면 죄책감을 자극하는 성경 구절을 지겹도록 들어보았을 것이다. 그렇다면 하나님께서 우리의 기쁨을 다시 잘 채우시는 방법이 실제로 어떻게 적용되는지 살펴보자. 우리는 기다림의 풍경에서 인내하는 동안 주변에서 기쁨의 증거를 보아야 한다.

기다림의 계절에
맛보는 기쁨

야고보서 5장에서 야고보는 기쁨과 인내로 기다리는 패턴을 제시한다. 숱한 초대교회의 성도들은 자신들이 살아 있을 때 주님께서 재림하실 거라고 생각했다. 그들이 주님의 재림을 기다리는 문맥에서 우리는 계절을 의지하는 농부의 삶을 통해 배운다.

그러므로 형제들아
주께서 강림하시기까지 길이 참으라
보라 농부가 땅에서 나는 귀한 열매를 바라고
길이 참아 이른 비와 늦은 비를 기다리나니
너희도 길이 참고 마음을 굳건하게 하라

주의 강림이 가까우니라

약 5:7,8

기다림을 헤쳐 나가는 여정은 우리를 숱한 길로 인도한다. 이 길은 각 계절에서 기쁨과 인내를 찾아내는 시골길이다. 우리 부부는 30년 동안 뉴햄프셔의 시골 마을에서 살았다. 그곳의 생활은 계절의 변화와 농부들이 들판에서 일하는 주기에 따른다. 들판이 눈에 덮이는 긴 겨울은 농부들이 이듬해 농사를 계획하고, 씨앗을 주문하며, 농기구를 수리하는 시간이다.

소나무의 두꺼운 가지 아래 쌓인 눈이 채 녹기도 전에 봄을 알리는 첫 신호가 나타난다. 우리가 전에 살던 집으로 이어지는 구불구불한 길을 따라 늘어선 수백 년 된 단풍나무의 수액을 채취하려고 호스를 꼽고 들통을 내건다. 갯버들이 들판의 가장자리에 있는 돌담을 따라 움트기 시작하고, 개똥지빠귀 새가 돌아와 둥지를 튼다. 봄바람이 밭갈이를 준비하는 트랙터 소리를 부르고, 뒤이어 막 갈아엎은 비옥한 땅에서 향긋한 흙냄새가 난다. 끝이 보이지 않는 드넓은 들판에 곡물과 채소를 심고, 햇빛과 비가 적절하게 균형을 이뤄주길 바란다.

여름은 농장 풍경에 쏟아지는 6월의 열기로 시작된다. 7월이면 모든 길을 따라 채소가 순식간에 우후죽순처럼 자라고, 농장 아이들은 밭에서 키운 옥수수와 콩과 토마토를 내다판다. 너무나 순식간에 여름의 열기는 저녁 냉기에 자리를 내주고, 가을이 찾아와 단풍나무를 노랗고 빨갛게 물들인다. 호박 밭과 과수원은 땅에서 나는 귀한 열매를 마지막으로 거두려는 가족들로 가득하다. 마지막으로 겨울이 찾아와 첫 눈이 들판을 덮어 쉬게 하면 계절의 순환이 완성된다.

야고보 사도는 농부의 열매가 귀하다고 말한다. 우리가 기다림의 계절을 농부의 시각으로 시련과 기쁨과 인내와 성장이 각 계절에서 어떻게 나타나는지 들여다볼 때 거두는 교훈도 귀하기는 마찬가지다.

'기다림'(waiting)과 '겨울'(winter)의 공통점이 단지 'w'로 시작한다는 것만은 아니다. 둘 다 인생의 밝은 색채들이 우리의 풍경을 떠날 때 찾아온다. 현실이라는 차가운 바람 때문에 엄청나게 춥다. 시작은 있지만 끝이 까마득해 보이고, 우리의 통제를 완전히 벗어난 듯 보인다. 겨울처럼 과거의 화려함은 퇴색하고, 미래의 희망은 차가운 눈에 묻힌다. 풍경은 을씨년스럽고, 햇살은 약하며, 우리는 쓸쓸하게 그 속을 헤맨다.

우리는 셰익스피어 희곡인 《리처드 3세》에 등장하는 리처드 3세(권력을 쟁취하기 위해 무자비하게 사람들을 죽이는 사악한 군주)를 따라 말한다.

"불만의 겨울이 왔다."

그러나 "보라 … 농부가 기다리나니", 그는 들판에 씨를 뿌릴 때나 자라는 곡식 사이로 거닐 때나 밭에서 익은 열매를 따서 시장에 내다팔 때만 농부가 아니란 걸 배웠다. 봄을 기다리는 긴 겨우내 매일 농부였다. 우리는 이 농부에게서 기다리는 시간을 통과해야 움트는 소망을 본다는 걸 배운다.

겨울이 지나면 농부가 새로 일굴 밭과 새로 심을 곡식과 수확할 열매를 생각하며 기뻐하듯이 우리도 병이 낫고, 새 직장을 얻고, 사랑하는 사람들이 구원받는 하나님의 약속이 이뤄질 날을 생각하며 기뻐할 수 있다. 농부는 겨울 내내 가만히 앉아 봄이 오기만을 꿈꾸는 게 아니라 씨앗을 주문하고 농기구를 준비하며 겨울을 인내한다.

마찬가지로 우리도 다음 계절을 위해 영적 농기구를 준비하기 위해 기도생활에 깊이를 더하며, 성경 지식을 강화하고, 마음을 정돈하면서 인내할 수 있다. 하나님께서 그분의 약속을 이루실 때 우리는 준비되어 있을 것이다!

농부들은 봄의 신호를 기다린다. 당신은 검사 결과나 CT 촬영 결과에서 봄을 알리는 희망의 신호를 기다리고 있을지 모른다. 전화를 기다리며 수화기 건너편에서 "2차 면접에 오실 수 있으시죠"라는 희망 가득한 말이 들려오길 기다릴지 모른다. 사랑하는 사람들이 마침내 믿음을 향해 작지만 첫 걸음을 내딛으며 교회의 문턱을 넘길 기다리고 있을 것이다.

봄은 새로운 약속의 계절이며, 희망의 씨앗이 움트는 계절이다. 아브라함과 사라는 하나님께 거룩한 세 번째의 언약을 받았을 때 삼중 약속을 들었다. 하나님께서는 이들로 하여금 큰 민족이 되게 하시고, 이들 때문에 모든 족속들이 복을 받게 하시며 보호하겠다고 약속하셨다. 그러나 24년을 기다렸지만 아무 일도 일어나지 않았고, 의심은 점점 커져갔다. 그때 그들은 신현(神現, theophany)을 경험했다. 하나님께서 이들에게 찾아오셔서 새 희망을 주시고, 약속의 불꽃을 다시 당기셨다.

당신도 24년, 혹은 더 오랫동안 기다렸을지 모른다. 어쩌면 2년을 기다렸지만 그 기다림이 끝이 없고 잔인해 보일지도 모른다. 기다림의 풍경에서 얼마나 오랜 시간을 보냈든지 사라와 아브라함이 그랬던 것처럼 하나님의 약속에 귀를 기울여보라.

나 주가 할 수 없는 일이 있느냐?

창 18:14, 새번역

이 거룩한 말씀을 하나님께서 당신의 마음 밭에 심으신 희망의 씨앗을 움트게 하는 부드러운 봄비로 삼아라. 그분이 고치지 못하실 병은 없고, 주지 못하실 직장은 없고, 구원하지 못하실 만큼 완악한 영혼은 없다. 하나님께서 약속의 말씀을 하셨고, 당신이 그분의 완벽한 때를 기다릴 거라고 믿으신다면 이 말씀이 봄을 알리는 첫 신호일 것이다.

"나 주가 할 수 없는 일이 있느냐?"

우리는 여름을 들판에서 곡식이 완벽하게 성장하고 무르익는 시간이라고 생각한다. 밭에 들러 부드러운 상추와 잘 익은 빨간 토마토와 달콤한 은빛, 금빛 옥수수와 향긋한 멜론을 따서 집으로 가져오고 싶다. 군침이 돌지 않는가! 우리는 여름날의 저녁 식탁을 즐기며 농부가 당신과 나를 위해 시장에 내려고 밭을 갈고 씨를 뿌리며 비료를 주고 가지를 치며 수확했다는 것을 생각지 않는다. 일조량과 강수량이 어느 정도 필요했는지, 병충해 피해는 어느 정도였는지, 판매 이익이 얼마였는지에 관심을 두지 않는다.

이 모두는 일하고 걱정하며 지친 농부의 어깨에 있었다. 우리는 단지 농부의 삶이 가져다준 '현재'라는 계절을 누릴 뿐이다.

우리의 기다림에도 여름이 있다. 이 여름에 하나님의 약속이 성취되는 광경을 보기에는 매우 고통스런 우리의 좌절과 너무나 부족한 우리의 쉼과 매우 많은 장애물은 아랑곳하지 않은 채 생명이 우리의 주변에서 요동친다.

대부분의 경우 날씨 얘기로 대화를 시작하는 게 안전하다. 그러나 피 같은 곡식이 가차 없는 뙤약볕에 말라 죽어가는 모습을 지켜봐야 하는 농부를 대할 때는 그렇지 못하다. 대부분의 모임에서 일상의 뉴스는 얘깃거리로 적절하다. 그러나 끝없는 시련과 고난에 초췌해진 당신의 얼굴을 볼 때 친구들은 "뭐 새로운 소식은 없어?" 하는 질문을 피하기 시작한다.

그렇다면 이글대는 햇살에 곡식이 타들어가고 수확을 앞둔 작물의 줄기가 누렇게 변할 때 농부의 기쁨은 어디에 있는가? 우리의 기다림과 비슷한 구석이 있는가?

나는 야고보서에 나오는 농부가 여름에 느끼는 기쁨은 그가 농부라는 단순한 사실에 있다고 생각한다. 온갖 위험에도 불구하고 그의 기쁨은 그가 땅을 갈고 사람들을 먹일 양식을 기르는 일을 사랑하는 데서 온다. 또한 생명이 한 계절이나 심지어 한 해에 의존하지 않는다는 앎에서 온다.

그의 인내가 낳은 검증된 결과에서 쉼을 얻는다. 풍년도 흉년도 있을 테지만 그가 계절마다 땅이 귀한 열매를 내길 기다릴 때 하나님께서 모든 필요를 공급하시라는 사실을 받아들인다. 계절이 바뀌면서 찾아오는 시련이 늘 행복하지는 않지만 그에게는 언제나 길어 올릴 깊은 기쁨의 샘이 있다.

긴 여름을 지나며 누리는 기쁨은 우리가 지극히 높으신 하나님의 자녀이며, 그분을 섬길 은사와 달란트를 가진 존재로 창조되었다는 사실을 아는 데 있다. 우리의 기쁨은 우리 삶의 가치가 현재의 시련에 있지 않고, 그리스도 예수 안에 있음을 아는 데 있다. 우리는 고난으로 정의되지 않을 뿐만 아니라 그 가운데서 인내하고 기쁨을 찾는 자신의 능력으로 정의되지도 않는다. 오히려 우리 믿음의 주요, 믿음을 완전케 하시는 분이신 예수님과의 관계로 정의된다.

극심한 가뭄에도 농부는 '가뭄의 주범'이라고 불리지 않고, 세찬 비가 와서 작물이 다 쓸려가도 실패자로 남지 않는다. 사계절 내내 그에게 어떤 시련이 닥칠지라도 그는 농부다.

당신은 하나님을 기다리고 있는 것이기에 기다리는 자로만 남지 않는다. 또한 당신의 시련은 하나님께서 허락하신 것이기에 고난 받는 자로만 남지 않는다. 당신은 지극히 높으신 하나님의 인내하는 자녀다. "시험을 당하거든 온전히 기쁘게 여기라"(약 1:2)라고 가르치시는 예수님을 따르는 자다. 그분이 우리에게 이렇게 가르치시는 이유는 약속이 성취될 날을 위해 그분과 함께 기다리도록 우리를 선택하셨고, 우리가 기다릴 거라 믿으셨기 때문이다.

나뭇잎이 빨갛고 주황빛이 돌며 노랗게 물드는 뉴햄프셔의 가을이면 우리 가족은 지역 농작물 판매장에 가 완벽한 호박을 골랐다. 남편과 딸은 가장 큰 호박으로 행복한 얼굴을 조각해 우리 집을 찾는 사람들을 반겼다. 중간 크기의 호박들은 마른 옥수수 줄기며 노박 덩굴과 어우러져 마당 한구석을 장식했다. 작은 호박은 부엌의 식탁 한가운데를 차지했다. 이것은 농부들이 들판에서 땀흘려 얻은 마지막 열매였고, 이 무렵 농작물 판매장은 마지막으로 북적였다.

지친 농장 식구들은 호박이 들판에서 사라지고 마지막 채소들이 팔려나갈 때 미소를 지었다. 이들은 수고를 그치고 쉬며 뿌린 걸 거두는 즐거움을 누릴 준비가 되었다.

뉴햄프셔의 가을 색깔처럼 기다림의 풍경에서 일어나는 색채 변화는 우리 마음에 용기를 준다. 암울한 기다림의 시련 속에서 우리는 서늘한 바람이 불고 풍경이 울긋불긋해질 때 용기를 얻는다. 우리의 기다림을 새롭게 보고, 여정에서 얼마만큼 왔는지 확인하며, 인내하며 기다릴 새 힘을 얻는다.

우리의 기쁨의 우물을 들여다보고, 하나님께서 그 우물을 기쁨으로 채우기에 꼭 필요한 만큼 영적인 비를 내리셨다는 걸 깨닫는다. 우리의 마음에서 기다림의 풍경에서만 배울 수 있는 귀한 교훈이 나오는 걸 발견한다.

우리의 기다림에는 가을도 있다. 이때 우리는 하나님께서 다른 생명체의 계절뿐 아니라 우리 삶의 계절도 지으셨다는 사실을 발견한다. 각 계절은 저마다 독특하고, 목적이 있으며, 수확에 아주 중요하다. 한 계절에 다음 계절이 따르듯이 우리는 기다림의 계절을 순차적으로 경험해야 한다. 가을이 끝나듯 우리가 기다리며 견뎌야 하는 시련도 끝날 것이다.

하나님의 약속이 이뤄지길 기다릴 때 느끼는 기쁨은 당신이 삶에서 맛보는 행복과 어떻게 다른가? 당신의 기쁨에 대한 현재 영적 수위(水位)가 어느 정도인지 점검하라. 그 샘이 지금 어느 정도 고갈되었는가? 하나님께서 그 샘을 어떻게 다시 채우고 계시는가?

당신이 하나님께 들은 약속은 하나님께서 그분을 따르는 이들에게 주신 약속만큼 확실하다. 모든 피조물은 약속된 주님의 재림을 기다린다. 그동안 우리는 현실적인 야고보 사도처럼 말할 수 있다.

너희도 길이 참고 마음을 굳건하게 하라
주의 강림이 가까우니라

약 5:8

06

간절히 기대하는 마음

간절한
기다림

우리는 하나님에게서 약속의 음성을 들었으나 아직 그분의 크고 강한 손을 보지는 못했다. 우리는 주님을 간절히 기대하며 기다리고 있다!

내가 주님을 기다린다.
내 영혼이 주님을 기다리며
내가 주님의 말씀만을 바란다.
내 영혼이 주님을 기다림이

파수꾼이 아침을 기다림보다 더 간절하다.

시 130:5,6, 새번역

이 구절은 파수꾼이 아침을 기다림같이 기다리라는 경종이다. 기다림은 단순히 외적 행위가 아니라 매우 내적인 행위다. 또한 깊은 영적 행위이기도 하다. 기다림이 점점 길어지면 우리는 하나님의 약속이 이뤄지길 기다리다가 지친다! 기다림은 우리의 중심 초점이 되어 기다림의 렌즈를 통해 삶 전체를 보게 된다.

당신에게 기다림은 수백 통의 이력서를 내고 면접을 수십 번 보았으나 취업은 아직도 멀기만 한 현실일지 모른다. 또 집을 잃을 처지에 놓였을 때 우리의 필요를 채우시겠다는 하나님의 약속을 신뢰하기란 매우 어렵다. 당신의 자녀가 가족과 성경적 가치관을 버리고 점점 나쁜 길로 빠져들고 있는가? 이 자녀가 어디에 있는지도 모를 때, 당신의 가슴에 시커먼 구멍이 뚫리고, 그가 돌아오리라는 하나님의 약속은 그 속으로 사라져버린다. 우리처럼 당신도 집이 팔리지 않아 은퇴와 함께 집과 생활 규모를 줄이려는 계획도 실현이 요원해 보일지 모르겠다.

그렇다고 해도 이것이 생명을 위협하는 기다림은 아니었다. 파산했다고 사랑하는 사람의 삶이 일그러지지는 않았다. 취업을 하지 못했다고 삶 전체가 파괴되지는 않았다. 그러나 기다림은 우리의 삶을 좀먹고 있었다. 우리에게는 약속이 있었기 때문이다. 우리는 하나님과 함께하는 모험을 코앞에 두고 있었다.

새 일자리를 얻고, 자녀가 돌아오고, 집이 팔릴 거라는 하나님의 약속을 처음 들었을 때는 그 확실한 말씀에 굳게 서겠다고 결심한다. 하지만 시간이 흐르면서 우리의 힘과 자원이 기다림에 조금씩 덧붙여지면서 약속의 성취를 경험할 것이라는 희망이 희미해진다.

하나님께 희망을 회복시켜달라고 부르짖고, 모든 성경 구절에 시선을 고정한다. 희망의 회복을 위한 말씀이 있다는 걸 알기 때문이다. 그리고 희망을 놓지 않도록 힘을 주는 성경 구절로 머릿속을 채운다. 그러면 내일 약속이 이뤄질 거라고 생각한다. 진짜 희망은 우리의 기다림을 단축시킨다고 생각한다. 둘 다 틀렸다. 희망은 시간이 정의하는 게 아니다.

희망하며 기다리기

'기다리기'와 '희망하기'는 하나님께서 그분을 기다리도록 우리를 선택하시고, 신뢰하시며, 명령하실 때 동시에 일어나는 행위다.

밤을 지키는 파수꾼은 기다림이 무엇인지 안다. 하늘이 어두워지면 그는 친숙한 형태들이 흐릿해지고 캄캄한 밤과 섞이는 걸 본다. 밤이 아무리 어둡더라도 새벽이 온다는 걸 안다.

파수꾼은 새벽이 가깝다는 신호를 기다린다. 별들이 하나씩 빛을 잃으며 사라지고, 짙은 남빛 하늘에 분홍빛과 보랏빛 줄기들이 나타나기 시작한다. 수탉이 울고 새들이 깨어 노래하며 새로운 하루를 맞는다. 파수꾼은 이런 신호들을 확인하며 자신의 희망을 확신하고, 아침이 곧 밝으리라고 기대한다. 빛이 점점 밝아지면서 어둠 속에서 보이지 않던 것들이 드러난다. 새 날이 밝으면서 위험했던 주변 풍경이 평화로운 풍경으로 바뀐다.

야간에 근무하는 간호사들도 새벽을 기다린다는 게 무엇인지 안다. 나는 간호사로 일하던 초기에 지역 병원에서 야간 근무를 했다. 사방에 불빛이 희미해지고 난 다음에 출근해서 조용한 목소리로 대화했고, 작은 불빛을 의지해 병실을 다니며 환자들의 상태를 점검하고, 그들이 편안하게 잠들 수 있도록 도왔다.

밤에 외로운 환자들은 병이 낫지 않을 거라는 두려움에 휩싸여 갖고 있던 희망이 줄어든다. 그러나 하늘이 밝아 이른 아침에 깨어 간호를 받을 때는 그들의 희망도 새로워졌다. 희망이 작아질 때는 가장 어두울 때인 동 트기 직전이다.

밤을 지키는 파수꾼이나 야간에 근무하는 간호사나 밤이면 두려움이 커지는 환자들처럼 우리도 하나님의 새벽이 가까웠다는 확실한 신호를 기대하며 기다릴 수 있다.

시편 130편의 말씀은 새 희망에 관한 말씀이다. 파수꾼이 야경(夜警)이 끝남을 알리는, 동이 튼다는 신호를 기다리듯이 우리도 간절히 기다릴 수 있다. 바울은 이렇게 말한다.

현재 우리가 겪는 고난은,

장차 우리에게 나타날 영광에 견주면,

아무것도 아니라고 나는 생각합니다.

피조물은 하나님의 자녀들이 나타나기를

간절히 기다리고 있습니다.

롬 8:18,19, 새번역

바울은 간절히 기대하며 기다리는 게 무언지 알았다. 당신도 간절히 기대하며 기다리는가? 바울처럼 "나는 기다림의 밤이 아무리 길더라도 간절히 기대하며 기다립니다"라고 말할 수 있는가? 한 해 더 하나님을 기다린 후에도 여전히 간절히 바라며 기대하겠는가? 기다림의 허니문이 끝날 때 우리는 재빨리 그것을 붙잡은 손을 놓아버린다. 처음 희망을 붙잡았던 손가락에 힘이 빠진다. 우리는 하나님을 잘 기다리지 못한다.

로마서 8장에서 피조물은 우리에게 어느 정도의 길잡이가 된다.

그런 이유로, 나는 현재 우리가 겪고 있는 힘든 때와

장차 우리에게 다가올 좋은 때는

서로 비교조차 할 수 없다고 생각합니다.

이 창조세계 전체는 장차 자신에게 다가올

그 무엇을 손꼽아 기다리고 있습니다.

창조세계 안의 모든 것이

얼마 동안 제어를 당하고 있습니다.

창조세계와 또 모든 창조물들이

다 자신들 앞에 놓인 그 영광스러운 때 안으로

동시에 해방되어 들어갈 준비가 될 때까지,

하나님께서 고삐로 그들을 제어하고 계십니다.

그러는 동안 현재는 기쁨 가득한 기대가 점점 깊어갑니다.

우리 주변 어디를 둘러봐도 이 창조세계는,

마치 해산을 앞둔 임신부와 같습니다.

세상 전체가 겪고 있는 이 고통은

한마디로 해산의 고통입니다.

롬 8:18-22, 메시지

창조세계는 하나님을 간절히 바라고 기대하며 기다린다. 창조주께서 언제나 우리가 구하거나 상상할 수 있는 것보다 많이 주시기에 피조물은 간절히 그리고 기쁘게 기다린다. 세상을 말씀으로 창조하신 그분이 우리에게 말씀하셨기에 창조세계는 기대하며 기다린다. 하나님께서는 당신이 약속하신 응답, 이생과 영생에서 영적으로 육체적으로 우리를 위한 완벽한 그 계획을 손에 들고 계신다.

하나님께서 말씀으로 이 아름다운 세상을 창조하신 일은 당신이 어떤 자료를 읽고 믿느냐에 따라 수천 년 전 혹은 수백만 년 전에 일어났다. 창조에서 주님의 재림까지 이어지는 연속된 시간에서 보면 우리의 한평생은 작은 점 하나에 지나지 않는다. 그렇더라도 이 짧은 생애 동안 우리는 하나님의 창조를 목격하는 중이다.

우리는 하나님께서 지으신 아주 높은 산에 올라 눈앞에 펼쳐진 멋진 풍경을 본다. 그분이 세우신 봉우리를 올려다보고, 깎아놓으신 웅장한 협곡도 본다. 말씀으로 창조하신 검푸르고 깊은 먼 바다를 항해하고, 마침내 먼 해변에서 육지가 나타나리라는 것을 안다. 망원경으로 은하를 보고, 현미경으로 지극히 작은 미생물도 본다.

당신이 평생에 본 것 중에 창조와 창조주를 선포하는 건 무엇인가? 창조세계는 장차 그리스도께서 재림하시는 영광스러운 때에 일어날 일을 간절히 기다린다.

기다릴 때 하나님의 계획이 펼쳐지는 모습을 보겠다는 간절함과 그분이 우리를 위해 일하시리라는 기대가 없다면 우리는 매우 고통스러울 것이다. 하나님께서 모든 게 준비되었을 때 약속하신 대로 움직이시리라는 희망을 성령께서 우리에게 알게 하실 때 영혼 깊이 즐거운 기대를 품을 수 있다. 우리는 바울처럼 말해야 한다.

"나는 현재 내가 겪고 있는 힘든 때와 장차 내게 다가올 좋은 때는 서로 비교조차 할 수 없다고 생각합니다."

일자리를 잃었는가? 그러나 희망을 잃을 필요는 없다. 세상의 손아귀에 자녀를 잃었는가? 그러나 하나님께서는 친히 손을 뻗어 그를 붙잡고 계신다. 아직 집이 팔리지 않았는가? 그러나 새 날이 밝으면 그렇게 되길 간절히 바라고 기대할 수 있다.

간절히 기대하며 기다려야 할 시간이다. 그분이 하시는 일이 첫 어스름의 여명처럼 밝아오는 광경을 보기 위해 우리가 기다리는 전능하신 하나님께서 임하시고, 우리의 모든 영적 불안이 사라지는 광경을 보려고 까치발로 기다릴 때다. 밤을 지키는 파수꾼보다 바짝 깨어 있어라. 약속의 말씀이 성취되길 간절히 그리고 즐겁게 고대하는 동안에 아침이 오기 때문이다.

차고
넘치는 은혜

"충분히 기다릴 만 해!"

우리가 기쁠 때 뒤돌아보며 외치는 소리다. 특별한 기다림을 경험한 사람들은 기다릴 가치가 있다고 말한다! 논쟁의 여지가 없다. 나는 하나님께서 기도에 응답하시고 그분의 약속이 성취되길 기다린 것과 내 삶을 향한 하나님의 계획이 펼쳐지길 기다린 걸 후회하지 않았다.

계획 없이 생긴 아이가 태어나길 기대하며 기다릴 때 하나님께서 걱정하는 내 마음을 채우겠다고 말씀하셨다. 남편이 그리스도와 함께 사는 삶에 발을 들여놓길 기다릴 때 하나님께서 상처 입은 내 마음에 확신을 주는 말씀을 하셨다. 우리 집이 팔리길 조급하게 기다릴 때 의심하는 내 마음에 값진 교훈을 주셨다. 의료 선교를 할 기회를 절박하게 기다릴 때도 '내 때에 내 방식대로!'라고 말씀하셨다.

킴벌리는 내게 자신의 평생 소원이 결혼해서 엄마가 되는 거라고 말했다. 어린 시절에 친구들이 커서 우주비행사나 의사나 간호사가 되겠다는 꿈을 말할 때 그녀는 아내와 엄마가 되겠다고 했다.

그녀는 또래들과 달리 간단하게 인생의 3단계 계획을 세웠다. 첫째, 자신을 아껴줄 크리스천 남성과 결혼한다. 둘째, 가족과 함께 살 집을 마련한다. 셋째, 자녀를 두 명 또는 네 명을 낳는다. 그녀는 사랑으로 가족들을 돌보는 데 헌신할 계획이었다. 자신의 꿈이 이뤄지고 계획이 실현되면 그녀의 기쁨은 완전해질 터였다.

그녀는 졸업하고 곧바로 고등학교 때 만난 남자친구와 결혼했고, 둘은 함께 대학에 들어갔고, 첫 번째 집을 마련하려고 부지런히 일했다. 그래서 졸업 직전에 집을 마련했고, 그녀의 인생 계획의 2단계가 완성되었다. 그리고 그들의 삶에 임한 복을 감사하면서 3단계인 아이를 갖기 위해 애썼다.

한 달이 두 달이 되고, 두 달이 여러 달이 되고, 여러 달이 여러 해가 되었다. 그들 부부가 처한 기다림의 풍경에 암울함이 깃들고, 흰 가운과 파란 수술복을 입은 의사들과 간호사들로 북적였다. 날마다 약을 먹고 매달 주사를 맞으면서 킴벌리의 다정함은 언짢음으로 변해갔고, 그리 간단치 않은 그녀의 인생 계획을 실현하기 위한 복잡한 과정이 진행되었다.

그녀가 말했다.

"솔직히 제 인생에서 그렇게 비참했던 적이 없었어요."

그 길었던 9년을 되돌아보면서 그녀는 숱한 부부가 아이를 가지려고 애쓰는 현실을 이 한마디로 표현했다. 당시 그녀의 마음에 일었던 가장 큰 감정은 분노였으며, 그것을 참지 못하고 하나님을 향해 이렇게 소리쳤다고 한다.

"하나님, 어떻게 제게 이러실 수 있습니까?"

그녀의 기도 시간은 만약 당신도 불임이었다면 가슴 깊은 곳에서 하나님께 던졌을 질문들로 가득했다.

'제게 이러실 거면서 왜 아이들을 그토록 사랑하는 마음을 주셨나요? 사랑의 하나님께서 어린 소녀들에게조차 아기를 주시면서 왜 제게는 그러지 않으시나요? 제가 그렇게도 작은 걸 구하는데 왜 이런 벌을 주시나요?'

킴벌리의 메마른 가슴과 생각에 분노가 가득하자 기도가 그쳤고, 마음은 하나님의 일에 무뎌졌다. 그녀는 남편의 고집스런 권유로 마지못해 교회에 출석했고, 하나님께서 그분의 백성을 얼마나 사랑하고, 그들에게 얼마나 신실하신지 역설하는 설교를 들을 때마다 성경책을 눈물로 적셨다.

분노가 완전히 방향을 틀었다. 하나님을 향하던 킴벌리의 분노가 그녀를 향한 하나님의 진노를 상상하는 쪽으로 바뀌었다. 그녀는 하나님께서 자신을 심판하셨다고 느꼈다. 그분이 보시기에 자신이 아내로서, 그리스도인으로서 아이를 갖기에는 부족하다고. 그러자 그녀의 분노가 자신을 향하게 되었다.

킴벌리는 캄캄한 혼란에 빠져 컴퓨터를 하다가 입양 관련 웹사이트를 찾아보았다. 그동안 그들 부부가 입양을 생각하지 않은 건 아니었다. 그러나 친자식을 갖겠다는 바람이 컸기에 입양해서 부모가 되고 싶지 않았다.

그녀는 한 웹사이트에서 니콜라이라는 우크라이나 출생의 사내아이의 사진을 보았다. 아이는 올리브색의 피부에 눈동자와 머리카락이 검은 게 남편과 닮아 보였다. 그녀는 남편과 함께 아이의 사진을 보는 순간 입양하고 싶다는 열망이 일었다.

둘 다 하나님의 인도를 구하는 기도를 시작했다. 그녀의 남편은 입양 과정을 밟고 싶은 마음이 간절했으나, 킴벌리는 입양아로 친자녀를 대신해야 하는지 고민했다. 몇 주가 흐른 후에 하나님의 평안이 그녀의 마음에 스몄고, 입양을 하는 쪽으로 움직였다. 곧 두 사람은 니콜라이를 입양하는 긴 과정을 시작했다. 각 단계마다 킴벌리의 마음에 설명할 수 없는 불안이 일었고, 그때마다 그녀는 무거운 마음으로 하나님께 부르짖었다.

"하나님, 제게 무슨 말씀을 하시려는 겁니까? 주님의 뜻을 보도록 도와주세요."

그녀는 눈물이 가득해 앞이 보이지 않는 중에 큐티 책을 집어들었다. 그날의 주제는 '기다림에 따르는 상급'이었고, 본문은 시편 27편 14절이었다.

너는 여호와를 기다릴지어다

강하고 담대하며

여호와를 기다릴지어다

기다리는 그녀의 마음에 강하게 울리는 말씀이었다. 큐티 책의 필자는 기다림을 조심스럽게 케이크 굽는 것에 비유했다. 굽는 데 꼭 필요한 시간의 절반밖에 지나지 않았을 때 오븐에서 꺼내면 케이크는 먹기에 적합하지 않다. 우리가 설익은 케이크를 원하지 않듯이 약속이 이뤄질 하나님의 시간을 재촉해서 설익은 약속 성취에 만족해서는 안 된다.

킴벌리는 잉태하여 아이를 낳으려고 매년 기다렸던 한나를 예로 들었다. 그녀는 한나처럼 사는 게 얼마나 실망스러운지 잘 알고 있었다. 킴벌리는 일기장에서 이렇게 썼다.

하나님께서는 당신이 무엇이 필요한지 아신다. 포기하거나 그 필요를 당신의 방식대로 채우려고 하지 말라. 하나님을 기다려라. 그러면 그분의 선하심을 따라 당신을 돌보시리라.

그러나 킴벌리는 매우 혼란스러웠고, 화를 내며 하나님께 소리쳐 외쳤다.

"왜 저를 이렇게 혼란스럽게 하시나요? 제게 입양하라고 말씀하셨잖아요. 그런데 또 왜 하지 말라고 말씀하시는 건가요? 전 이해할 수가 없습니다!"

하루하루 지나면서 킴벌리는 더 혼란스러워졌다. 그러나 한나처럼 그녀의 좌절과 희망을 하나님께 내어맡기고, 그분을 신뢰하며 기다렸다. 마침내 킴벌리는 기도했고, 일기장에 이렇게 썼다.

당신께서 제 삶을 다스리신다는 걸 알아요. 오직 당신의 길로 저를 인도해주시길 원할 뿐이에요. 모든 걸 당신께 내어맡깁니다. 제 삶과 꿈과 열정 모두가 당신의 것입니다.

그녀는 3년여 만에 처음으로 평안을 느꼈다. 그들 부부가 입양 절차를 중단하고, 그분의 계획을 드러내주시길 기다리는 동안에 한나를 닮은 새로운 인내가 몇 달을 채웠다. 킴벌리는 하나님께 약속을 받았고, 이번에는 그분의 방법과 때를 기다렸다.

그녀가 기다리는 풍경에서 '인내'와 '신뢰'가 이정표가 되었을 때 하나님께서는 그녀를 탈선시킬 또 다른 장애물을 허락하셨다. 그녀의 가족은 그간 입양이 될까 봐 불안했다. 여동생이 결혼한 지 두 달 만에 아기를 가졌다는 소식에 킴벌리가 수년간 아이를 기다리며 겪은 아픔이 다시 일어났다. 그와 함께 입양을 하면 자신의 아이가 여동생의 아이보다 사랑을 덜 받게 될까 봐 두려웠다.

킴벌리의 부모는 딸이 또 다른 깊은 아픔에 짓눌려 있음을 알고, 딸과 사위에게 입양을 강하게 권했다. 그러나 입양한 아이가 덜 사랑받을지 모른다는 새로운 두려움 때문에 그녀는 입양 과정을 밟지 않기로 굳게 마음먹었다. 그 결정으로 평생 자녀 없이 살아야 할지도 모르는데도 말이다.

그러나 하나님께서는 입양하지 않겠다는 킴벌리의 은밀한 결정을 친정아버지의 전화 한 통으로 돌려놓으셨다. 친정아버지는 그녀가 14년 전에 단돈 8달러에 산 애완 토끼가 죽었다며 울었다. 아버지가 그녀에게 전화한 것은 단지 이 슬픈 소식을 전하기 위해서가 아니라 입양이 자신들의 삶에 가져다줄 깊은 사랑을 알게 되었다고 말하기 위해서였다. 그는 이렇게 말했다.

"아빠가 입양한 애완 토끼를 사랑했고, 그 토끼가 죽었다고 눈물을 흘렸다면 입양으로 얻은 손자를 훨씬 더 사랑하지 않겠니?"

순간 킴벌리의 마지막 두려움이 사라졌다. 아버지의 전화는 하나님께서 보내신 녹색 신호등이었다. 곧 입양을 추진했고, 과정은 조금도 덜거덕거리지 않고 일사천리로 진행되었다. 입양 기관이 미리 연결해둔 어느 러시아 고아원에 가서 곧 자녀가 될 쌍둥이 남매인 알렉산더와 안젤리나를 만났다. 킴벌리처럼 금발에 눈이 푸른 두 아이를 입양하려면 친부모가 올 때까지 기다려야 했다. 두 아이는 하나님께서 두 사람에게 기다림을 주시고, 그런 후에 가족을 주신 이유였다. 킴벌리는 일기장에 이렇게 썼다.

우리는 두 아이를 가족으로 받아들였다. 비록 내가 계획했던 방식으로는 아니었지만 마침내 나는 엄마가 되었고, 엄마가 된다는 건 세상에서 가장 기분 좋은 일이었다!

자신의 기다림을 돌아보면서 그녀는 하나님께서 기다림으로 벌(罰)을 주신 게 아니었음을 알게 되었다. 그분이 아이들을 사랑하는 마음과 부모가 되려는 강한 열망을 주셔서 그들을 향한 하나님의 계획을 실현하려고 수천 킬로미터를 멀다하지 않고 날아가게 하심으로써 그들을 양부모로 선택하셨다고 믿는다.

사람들이 킴벌리에게 자녀에 관해 물으면 그녀는 하나님께서 그들에게 베푸신 사랑을 나눌 기회로 삼는다. 아이들을 하나님께서 곧바로 보내셨다고 설명한다. 이들은 그저 하나님께서 그들의 '때가 찼을 때' 그분의 완전한 계획을 따라 러시아로 인도하시도록 기다렸다.

러시아의 입양 기관은 알렉산더와 안젤리나의 세 살배기 여동생에 관해서도 알려주었다. 그 아이는 300여 킬로미터 떨어진 고아원에 있었고, 입양이 불가능했다. 더는 어떤 설명이나 정보도 얻지 못했다. 그들이 예쁜 두 아이를 데리고 집으로 돌아오는데, 한 번도 본 적이 없는 아이들의 세 살배기 동생의 얼굴이 마음에 떠올랐다.

킴벌리는 러시아의 입양 기관에 편지를 써서 그 아이의 입양 소식을 듣고 싶다고 했다. 그리고 입양아 부모들을 위한 웹사이트들을 살피며 그 아이를 입양한 사람이 있는지 알아보았다. 그렇게 거의 2년 동안 그들이 입양한 아이들의 동생이 어떻게든 사랑이 가득한 가정을 찾길 기도했다.

이들은 하나님께서 주신, 그들이 온 마음으로 사랑하는 아이들의 동생이 행여 고아원 생활만 하다가 예수님에 관해 듣지 못하지는 않을까 하는 생각에 견딜 수가 없었다. 그래서 그 아이에 관해 백방으로 알아보았으나 돌아오는 건 침묵뿐이었다.

그런데 이 침묵은 러시아에서 걸려온 전화로 하나님께서 이들의 삶에 돌진해 들어오시기 직전의 고요였다. 동생도 입양이 가능했다. 그들은 삶에 새로운 기쁨이 넘쳤고, 급히 떠날 준비를 하느라 정신이 없었다. 반드시 러시아에 다시 가야 한다고 느꼈다. 이 아이는 이미 그들의 아이였기 때문이다.

킴벌리가 오래전에 큐티 책에서 읽은 케이크 굽기를 이 아이가 끝맺음하게 될 것이었다. 두 사람을 향한 하나님의 때가 찼다고 느끼고 큰 평안을 맛보았다. 그녀는 러시아 행을 서둘러 준비하면서 한 가지 다짐을 했다.

'더는 아이를 갖길 바라지 않기로 했어요. 우리에게 허락하신 아이는 이미 우리 품으로 왔으니까요.'

다른 부모들이 자신들의 자녀에게서 보는 가정의 특징과 버릇을 킴벌리도 안젤리나와 알렉산더에게서 볼 수 있었다. 그녀는 쌍둥이 중 한 아이의 눈이 친정아버지와 꼭 닮았다는 걸 알았다.

그들은 추운 11월 어느 날, 아이들의 막냇동생인 칼리를 데리고 러시아에서 돌아왔다. 쌍둥이를 데려온 지 거의 2년 만에 가족이 완성되었다. 이들은 추수감사절을 지내면서 하나님께 감사할 게 많았다. 에베소서 3장 20절 말씀이 이들의 마음을 채웠다.

우리 가운데서 일하시는 능력을 따라,

우리가 구하거나 생각하는 것 이상으로

더욱 넘치게 주실 수 있는 분에게,

새번역

칼리는 이들이 생각지도 못한 선물이었다. 그러나 하나님께서는 이들에게 주실 게 더 있었다. 이들이 구하거나 상상할 수도 없는 것이었다. 세 달 후, 그들이 하나님께서 주신 축복의 세 자녀와 함께하는 것에 깊이 만족하고 있을 때 킴벌리가 임신을 했다. 그녀가 웃으면서 내게 말했다.

"하나님께서 이렇게 말씀하시는 것 같았어요. '킴벌리, 네가 참 오랫동안 날 들볶았구나. 그래, 네게 하나 더 주마'라고요"

케이틀린은 칼리가 가족이 된 지 1년 후에 태어났다. 3년 새 아이가 넷이 되었고, 이들의 가정처럼 이들의 마음도 아이들의 함성과 웃음으로 넘쳐났다.

하나님을 기다리는 많은 사람들이 킴벌리와 똑같은 진리를 발견한다. 당신의 기다림이 자녀 갖기나 가정 꾸리기와 무관하더라도 "너는 여호와를 기다릴지어다 강하고 담대하며 여호와를 기다릴지어다"(시 27:14)라는 말씀이 기다림의 시간을 지나는 우리에게 울려 퍼진다.

하나님의 약속이 이뤄지길 기다리는 중에 우리의 마음은 기다릴 수 있도록 강해진다. 오직 하나님의 힘만이 우리가 기다림의 풍경을 잘 통과하게 해준다. 기다림이 끝났을 때 우리는 하나님께서 '더욱 넘치게' 주신다는 걸 알게 된다. 때로 그분은 '우리가 구하거나 생각하는 이상으로' 복을 주신다.

여호와께서 기다리시나니
이는 너희에게 은혜를 베풀려 하심이요

일어나시리니 이는 너희를 긍휼히 여기려 하심이라

대저 여호와는 정의의 하나님이심이라

그를 기다리는 자마다 복이 있도다

사 30:18

07

약속을 이루는 기도

혼자라고
느낄 때

마태복음 28장에서 예수님은 세상 끝날까지 우리와 함께하겠
다고 약속하셨다.

그러므로 너희는 가서
모든 민족을 제자로 삼아
아버지와 아들과 성령의 이름으로 세례를 베풀고
내가 너희에게 분부한 모든 것을
가르쳐 지키게 하라

볼지어다 내가 세상 끝날까지

너희와 항상 함께 있으리라 하시니라

마 28:19,20

이 거룩한 약속은 어느 길이나 어느 풍경도 벗어나지 않으며 하나님의 약속이 이뤄지길 기다리는 여정이 수년은 걸릴 듯 보이고, 우리를 감정의 땅끝으로 이끄는 듯 보일 때라도 다르지 않다.

우리는 기다림의 풍경에서 혼자라고 느끼며, 우리가 약속을 받았다는 사실을 잊어버린 사람들에게서 따로 떨어져 있음을 발견한다. 주변에 모든 사람들이 지금 이 순간 하나님의 복을 누리며 사는 것처럼 보이고, 그들이 받은 약속은 예쁜 아기가 태어나거나 배우자가 구원받거나 반항하던 자녀가 온전히 회복되어 모두 이뤄진 것처럼 보인다.

우리의 삶이 모든 축복에서 제외된 듯 느껴질 때 한 달, 한 해 혹은 평생을 기다릴 힘을 어디서 찾아야 하는가? 누가복음 2장으로 돌아가보라. 여기에 하나님의 약속이 이뤄지는 광경을 보려고 힘을 얻어 기다리는 두 사람이 나온다.

첫째는 시므온이다. 그의 이름은 "듣다, 순종하다, 이해하다"라는 뜻이다. 성서시대에는 히브리 자녀들의 이름을 시대에 맞춰 인기있는 것이 아닌 의미에 중점을 두고 지었다. 이것은 이들이 잉태

되었을 때 주변의 환경을 보여주는 것일 수 있다.

이삭의 이름은 사라의 웃음과 관련이 있다(창 21:6). 에서와 야곱의 이름은 외모와 관련이 있다. 형은 털투성이여서 "에서"라고, 동생은 형의 발뒤꿈치를 잡고 태어났다고 해서 "야곱"이라 불렀다(창 25:25,26).

삶이 계속되면서 히브리인들은 자녀의 이름을 지을 때 자신들의 희망을 담았다. 털투성이나 발뒤꿈치를 잡은 자보다는 훨씬 나은 선택이었다. 시므온의 부모는 장래를 내다보며 아들의 이름을 "시므온"이라고 지었다. 시므온은 듣고, 순종하며, 이해하는 자다.

그는 하나님께 약속을 들었다. 누가복음 2장 25-35절을 읽어보면 성령께서 그에게 어떻게 힘을 주셨는지 알 수 있다. 그 당시나 지금이나 의사는 중요한 상황에서 정확하고 세밀한 판단을 해야 하듯이 의사인 누가 또한 기다림을 위한 세밀하고 정확한 세 가지 영적인 포인트를 찾아냈다.

첫째, 시므온은 기다림 가운데 적극적으로 귀를 기울이는 자들에게 성령의 능력이 임한다는 걸 보여준다. 누가가 기록한 시므온의 말인 "주재여 이제는 말씀하신 대로 종을 평안히 놓아주시는도다"로 볼 때 그가 세상을 떠날 날이 멀지 않았다. 다양한 성경 번역이 하나같이 그를 바르고 의로우며 독실한 사람으로 묘사한다.

그가 주의 그리스도를 보기 전에는

죽지 아니하리라 하는 성령의 지시를 받았더니

눅 2:26

시므온은 하나님께 들은 약속을 간절히 기대하며 기다리는 사람이다. 새번역 성경은 그가 "주님께서 세우신 그리스도를 보기 전에는 죽지 아니할 것이라는 성령의 지시를 받은 사람"이라고 옮겼다. 《메시지》는 "이스라엘이 구원받기를 바라고 기도하며 살아온 선한 사람"으로 묘사한다. 그는 간절히 바라고 기대하며 살았던 사람이다.

당시 400년 동안 선지자가 없었다. 그러나 시므온은 성령을 믿었다. 죽기 전에 자신의 눈으로 메시아를 보리라는 약속을 믿었다. 그 시대에 하나님의 사람들에게 새로운 예언은 전혀 없었고, 곧 메시아가 오신다는 선포의 말씀도 없었다. 그러나 그는 성령께서 말씀하시는 하나님의 약속을 들었다. 그에게는 간절한 귀가 있었다. 성령께서 하나님의 약속을 듣는 간절한 귀와 들은 바를 눈이 보리라 믿고 기대하는 마음이 있는 기도를 통해 우리에게 힘을 주신다.

우리의 조그마한 목장의 집에 딸린 지하 세탁실에서 하나님께서는 내 영혼의 귀에 말씀하셨다. 나는 남편이 날 위해 설치해준 새 선반을 칠하고 있었다. 무릎을 꿇은 채 조심스럽게 솔로 나무에 칠을 하면서 남편의 구원을 위해 기도하기 시작했다. 하지만 믿음이 없는 남편이 금방 나와 함께 교회에 출석하지 않을 뿐더러 그리스도께 관심을 보이지 않으리라는 게 갈수록 분명해졌다. 나는 이 기다림의 풍경에 책임이 있었다.

내가 꿈꾸던 남자와 결혼생활을 시작했으나 그때까지 그는 하나님의 계획에 있는 사람이 아니었다. 나는 커가는 우리의 사랑과 미래에 대해 그가 하는 말에만 열심히 귀를 기울였다. 둘 다 침례교회에서 자랐고, 서로 깊이 사랑하는 두 젊은이의 정상적인 계획을 아무도 반대하지 않았다. 모두들 우리가 결혼생활에 정착하면 그리스도인의 삶으로 돌아가리라고 예상했다. 나는 그 길을 가고 있었으나, 영적 여정에서는 혼자였다.

내 '세탁실 기도'는 하나님께서 지체하지 말고 그를 믿음으로 되돌리셔야 하는 이유들을 길게 나열하는 걸로 시작되었다. 우리 가족을 위한 다소 자기중심적인 이유였으나 남편을 향한 사랑과 그의 영원한 목적지에 대한 관심에서 비롯된 이유이기도 했다. 하나님께서는 내가 열거하는 이유들을 참고 들으시는 것 같았다. 내가 마지막 솔질을 하고 잠시 멈춰서 숨을 고를 때 하나님께서 내 귀에 이렇게 말씀하셨다.

'네가 남편을 사랑하는 것보다 내가 그를 더 사랑한다. 네가 그를 사랑할 수 있는 것보다 더 사랑한다. 그를 구원하는 건 내 일이다!'

성령께서 약속하시는 말씀이 지하 세탁실의 벽을 울릴 만큼 귀에 쟁쟁했다. 이런 성령의 약속이 시므온처럼 기도하며 기대하는 출발점이었다. 나는 기대감을 갖고 당시 다니던 작은 남침례회 교회에서 다섯 명의 자매와 그룹을 만들었다. 우리는 매주 만나서 가정의 필요를 놓고 함께 기도했다. 남편의 구원도 그 가운데 하나였다. 우리는 사역과 취업과 자녀의 문제를 두고 기도했다.

우연히도 남편이 퇴근해 돌아오는 시간이 우리가 모여 기도하는 그 시간과 일치했다. 어느 날 밤, 남편이 내게 말했다. 일을 마치고 운전을 해서 집으로 돌아오는데 누군가 자신의 이름을 부르는 소리가 들렸다고. 그래서 길가에 차를 세우고 트렁크까지 확인했다고 한다. 그의 말을 들을 때 내 간절한 귀에 다시 성령님의 약속이 들렸다. 나는 누가 그를 구원으로 부르고 있었는지 알았다. 바로 그때 그 다섯 자매들이 남편을 아주 깊이 사랑하시는 분에게 기대하며 기도하고 있었다!

둘째, 시므온은 성령의 능력이 하나님의 약속이 이뤄지길 기다리는 동안 우리로 하여금 그분께 복종하게 하신다는 걸 보여준다.

하나님께서는 나를 '기다림을 가르치는 성령의 학교'에 넣으셨다. 그리고 베드로전서 3장을 교과서로 주셨다. 여기서 나는 배워야 할 교훈과 복종해야 할 명령을 발견했다. 그렇다고 내가 "남편에게 순종하라"라고 적힌 성구 카드를 꺼냈다고 생각하는가? 아니다. 하나님께서 나를 이끌어 주목하게 하신 부분은 4절의 말씀이었다.

오직 마음에 숨은 사람을 온유하고
안정한 심령의 썩지 아니할 것으로 하라
이는 하나님 앞에 값진 것이니라

벧전 3:4

순하고 정숙한 마음가짐으로
속사람을 아름답게 하십시오.
그것이 하나님이 보시기에
매우 귀한 일입니다.

현대인의 성경

내가 약속된 남편의 구원을 기다리는 동안 순하고 정숙한 마음가짐을 갖도록 힘을 주시는 그분을 의지하라고 요구하셨다. 나는 기다림을 가르치는 성령의 학교의 모든 과목에서 A학점을 받지는 못했다. 내가 제출한 과제물이 간신히 통과된 적도 많았다. 성령께서 능력을 주시지 않았기 때문이 아니라 내가 그 자원을 활용하지 않았기 때문이었다.

그러나 하나님께서는 그분의 약속을 기다리는 사람들이 어떠하든지 그분의 약속을 지키실 수 있었다. 나는 남편이 침례를 받을 때 쓴 간증문을 늘 내 성경에 끼워두었다. 담임목사님은 침례를 받을 각 사람에게 짧은 간증문을 준비해서 침례 직전에 읽게 하셨다. 남편은 예수님을 주님과 구주로 믿는다고 썼고, 이렇게 끝을 맺었다.

제가 이 단계를 밟도록 기도해주신 모든 분들, 특히 제 아내 데비에게 감사하고 싶습니다. 주님을 향한 아내의 흔들리지 않는 사랑과 그녀가 예수님에게서 받은 평안은 부정할 수 없는 본보기가 되었습니다.

그는 마지막 문장을 감정에 복받쳐 떨리는 목소리로 읽었다. 그때 나는 내가 순하고 정숙한 마음가짐으로 하나님의 약속이 이뤄지길 기다리게 하신 그분의 은혜에 대해 남편이 말하고 있다는 걸 깨달았다.

셋째, 시므온은 약속이 성취될 때 성령께서 우리로 하여금 깨닫게 하신다는 걸 보여준다. 담임목사님은 내게 큰 힘이 되어주었고, 남편이 믿음으로 나올 때도 용기를 주었다. 목사님은 내게 주일 저녁마다 남편의 구원을 기다리는 자매들을 맡아 제자 훈련을 인도해보라고 했다. 나는 여전히 하나님의 약속이 이뤄지길 기다리며 배워야 할 교훈과 극복해야 할 도전이 있다고 생각했지만 순종하기로 했다.

침례를 받던 날 아침에 남편이 거의 뛰다시피 강단으로 올라가 공개적으로 예수님을 믿는다고 고백했을 때 모든 교인이 깜짝 놀랐고, 행복의 눈물을 흘리며 박수를 쳤다. 목사님은 사랑하는 불신자들(남편들)을 위한 모임이 그날 밤에 시작된 게 우연이 아니라고 했다. 남편의 구원을 위해 기도하는 아내들의 삶에 성령의 능력을 부어주시리라는 걸 하나님께서 깨닫게 해주셨다. 아내들은 누구든지 믿는 자들을 구원하시겠다는 하나님의 약속이 우리의 삶에서 실현되고 이뤄지는 걸 보아야 했다.

시므온은 기대하며 기도했다. 당신은 어느 정도나 기대하며 기도하는가? 1에서 5까지 점수를 매겨보라(5점이 가장 높은 점수다).

- _____ 하나님을 찬양하며, 그분의 약속이 그분의 완벽한 때에 이뤄지리라 확신한다.

- _____ 하나님을 찬양하며, 그분의 약속이 성취되는 광경을 보길 소망한다.
- _____ 하나님께서 속도를 높여 그분의 시간표를 앞당기시길 기도한다.
- _____ 당신에게 하신 약속이 지금 이뤄져 기다림이 끝나길 하나님께 간구한다.
- _____ 하나님께서 모두 말씀하셨는데도, 그분이 말씀하신 대로 행하실지 의심한다.

아직도 부르는 노래
아직도 그리는 그림

시므온은 아기 메시아를 안고 하나님을 찬양하기 시작했다. 약속의 실현을 본 그의 가슴에서 터져나온 숭고하고 거룩한 찬양은 지금까지 오래도록 그리스도인들의 입술을 떠나지 않는다. 전례음악(공식 예배에서 사용하는 음악)에서 그의 찬양을 그렇게 부르듯이 '시므온의 찬가'는 전통적으로 저녁 기도로 부르거나 읊조린다. 1662년 성공회 공동기도서에 실렸으며, 로마 가톨릭과 루터교회에서 드리는 밤 기도의 일부이기도 하다.

찰스 스펄전은 이 구절을 본문으로 설교하면서 제목을 '시므온이 부른 백조의 노래'(Swan Song, 백조가 죽기 직전에 가장 아름답게 운다는 고대의 믿음에서 비롯된 말로 예술가의 마지막 작품을 뜻함)라고 붙였다. 이 노래가 시므온이 약속을 지키신 하나님께 드리는 마지막 찬양이며, 하나님의 구원을 기다린 세상을 향한 선언인 "이방을 비추는 빛이요 주의 백성 이스라엘의 영광이니이다"(눅 2:32)였다는 뜻이다.

시므온이 성령에 감동되어 부른 찬양은 지금까지 불릴 뿐 아니라 그가 성령의 인도로 받았던 깨달음도 시간의 테스트를 통과했다. 시므온은 마리아와 요셉을 비롯해 성전에서 아기 메시아의 헌아식(獻兒式)을 본 모두에게 예언적 진리를 말했다.

예수님에 관한 지나친 찬양이나 선포는 전혀 없다. 마치 늙은 시므온이 아기 예수를 안고 찬양한 후 아기의 미래를 예언할 때, 마리아와 요셉은 아직 그림을 덜 그렸다는 듯이 성취된 하나님의 약속에 관한 그림을 완성하려고 예루살렘 성전 뜰을 가로질러 늙은 안나를 만나러 갔다.

결혼생활 7년 만에 혼자 된 안나는 그 후 평생 성전을 떠나지 않은 채 금식하고 기도하면서 메시아를 기다렸다. 그녀는 인내하며 기다리고 예언하는 데 능숙했기에 아기 예수를 만나자마자 바로 하나님께 감사했다. 그리고 그녀와 함께 메시아와 이스라엘의 구속을 기다리는 모두에게 그 아기에 관해 말하면서 새로운 예언을 쏟아냈다.

마리아와 요셉은 모세의 율법에 따라 하나님께 드린다는 생각으로 아기 예수를 데리고 예루살렘에 갔다. 그러나 하나님께서는 메시아에 관한 자신의 약속을 성취하려는 계획에서 아기인 주 예수를 헌신과 기도의 삶을 살고 있던 시므온과 안나에게 보내셨고, 이들은 이 아기의 '주님 됨'(lordship)을 확인해주었다.

젊은 부부는 두 노인이 메시아를 기다리며 신실하게 살아온 옛 율법과 옛 언약의 날들과 그것을 성취하며 믿는 모든 자에게 구원의 새 언약을 전해줄 예수님의 탄생을 잇는 다리를 놓았다.

이스라엘의 기다림이라는 풍경화는 수백 년 동안 완성되지 않았다. 당신의 기다림이라는 풍경화는 완성되었는가? 오랫동안 그냥 그대로 있는가? 당신의 모든 기도와 꿈과 희망의 중심에 있는 사람이 아직 구주와 사랑에 빠지지 못했는가? 당신은 결혼했지만 영적으로 혼자 걷고 있는가? 당신은 하나님의 자녀이지만 사랑하는 부모님은 아직 그렇지 못한가? 가장 소중한 친형제나 자매, 가장 가까운 친구가 여전히 복음을 거부하는가?

우리가 사랑으로 기도하는 사람이 구원하는 믿음을 갖게 되어 기다림의 풍경화가 완성되기까지 더 오랜 시간이 필요할 수 있다.

그러나 우리는 시므온과 안나를 통해 하나님께서 약속하시면 반드시 이뤄진다는 걸 배울 수 있다. 우리의 귀가 주님의 음성을 간절히 바라는 귀가 되고, 우리의 기도생활이 기대로 가득 찰 때 우리는 약속이신 주님과 함께 기다림의 풍경을 씩씩하게 헤쳐 나갈 수 있다.

08

당신의 기다림은 아니라고요!

하나님의
대기실

가정 의원은 내 간호사 이력의 중심이었다. 병원 대기실은 하루 종일 진료나 검사를 받으려고 기다리는 환자들로 북적였다. 문을 열고 다음 환자에게 들어오라고 할 때마다 이들이 기다리며 나누는 대화가 간호사실로 흘러들었다. 대기실의 대화는 대개 "어떻게 오셨어요"라는 말로 시작되었다. 서로 잘 모르는데도 자신이 어디가 어떻게 아픈지를 다른 환자들에게 말하는 데 부담을 느끼지 않는 것 같았다.

마치 의과대학 부속병원에서 의사들이 입원 환자를 두고 대화를 나눌 때처럼 환자들이 자신의 증세나 질병이나 치료를 다른 환자들에게 아주 자세히 얘기했다. 그런가하면 선의에서 비롯되었으나 생각 없이 내뱉는 말도 들렸다.

"저도 알아요. 그런데 제 문제에 비하면 아무것도 아니에요!"

"그것 참 안 됐네요. 제 삼촌이 그 병으로 일주일 만에 죽었거든요. 하지만 댁은 괜찮을 거라고 믿어요."

사람들이 선의로 격려나 공감을 표현하려고 한 말이 기다림의 풍경을 장식했다.

가정 의원에서 일하면서 의사와 함께 하루에 예약 환자를 40여 명까지 보았다. 흔한 감기부터 드문 대사성 질환까지, 만성 질병부터 응급 상황까지 환자들의 증세는 다양했다. 우리는 포대기에 싸여 찾아오는 갓난아기부터 휠체어를 타고 오는 노인까지 병원에 등록된 사람들의 건강을 정기적으로 살폈다. 대기실에는 똑같은 필요를 안고 오거나 똑같은 치료를 받고 돌아가는 환자가 하나도 없었다.

어떤 사람들은 우리가 하나님을 기다리는 자리를 '하나님의 대기실'이라고 적절하게 표현했는데, 이곳에서 경험하는 고통과 위대한 의사에게 거는 필사적인 희망 때문일 것이다. 대기실 은유를 활용한 설교와 책도 있다. 나는 대기실에 친숙하다. 간호사로서뿐 아니라 직접 그곳에서 기다리는 사람으로서. 그래서인지 대기실은 내게 또 다른 곳이기도 하다. 곧 조부모가 될 다른 이들과 함께 아기가 태어나길 기다리고, 아내로서 남편이 수술을 받는 동안 기도하며 기다리고, 어머니가 심장 절개 수술을 받는 동안 맏이로서 동생들을 안심시키며 기다릴 때 대기실은 짧은 기다림을 위한 자리라는 걸 발견했다.

오랜 기다림은 하나님의 약속이 이뤄질 때까지 그 속에서 계속 살아야 하고 헤쳐 나가야 하는 암울한 풍경에 더 가깝다. 우리는 하나님의 대기실에서 짧은 시간을 보냈으나 새로운 자리로 옮겨져 새로운 방식으로 기다렸다.

집이 팔리길 기다리는 풍경을 헤쳐 나가면서 나와 비슷한 경험을 했던 사람들을 만났다. 우리는 이런 말을 들었다.

"저희도 그런 일을 겪었어요. 하지만 구조 조정을 하는 바람에 직장을 잃고 겪는 일에 비하면 아무것도 아니에요. 경제가 좋지 않아서 직장을 구하지도 못해요."

사실이었다! 우리는 직장을 잃고 새 일자리를 기다리고 있는 게 아니었다. 하나님의 지시에 따라 조기 퇴직을 했다. 경제적 위기를 겪지도 않았다. 남편은 이미 퇴직했고, 나도 곧 할 참이었다. 의사가 다섯 명이나 되는, 바쁜 가정 의원의 수간호사인 내 위치도 곧 일일 간호사들 중 한 명이 될 것이었다. 그러나 부분적으로만 사실이었다. 우리는 새로운 모험에 대한 하나님의 약속을 들었기 때문이다. 퇴직하고, 집을 팔고, 그분과 함께 새로운 곳으로 가서 살며 섬기라는 지시를 받았다.

우리가 기다리는 풍경의 건너에서 사람들이 선의로 하는 말이 자주 들렸다.

"집이 아직 안 팔렸어요? 그것 참 안 됐네요. 하지만 다 잘 될 거라 믿어요."

"집을 파는 사람들에게 유리한 시장이에요. 저희 집은 일주일 만에 팔렸어요."

그들은 격려하려고 말했을 테지만 나는 기분이 좋지 않았다. 다른 사람들이 집을 금방 팔았다는 얘기가 듣기 싫었다. 그들의 경험은 대기실의 경험일 뿐이었다. 우리는 끝이 보이지 않는 기다림의 풍경 속에 갇혀 있었다. 그들의 이야기는 우리의 이야기와 비슷하게 들렸으나 사뭇 달랐다. 그들의 격려의 말이 도리어 우리를 움츠려 들게 하고, 이렇게 소리치고 싶게 만들었다.

"우리의 기다림이 당신의 기다림은 아니라고요!"

내가 부르짖음으로 피곤하여 나의 목이 마르며
나의 하나님을 바라서 나의 눈이 쇠하였나이다

시 69:3

기다림은
저마다 다르다

성경은 우리의 기다림이 저마다 다르다고 말한다. 출애굽기를 읽어보면 떨기나무의 불꽃 경험을 통해 어떻게 하나님을 위해 나아가야 하고, 또 그분을 기다려야 하는지를 배운 모세의 지혜가 잘 드러난다. 그는 하나님께 순종해서 애굽의 바로에게, 노예로 살아가는 히브리 민족에게 돌아갔다. 그는 하나님께서 바로의 마음을 바꾸시길 기다렸고, 약속된 재앙과 보호를 기다렸으며, 하나님의 백성이 애굽을 떠나는 약속된 탈출의 정확한 시간을 기다렸다.

오경(五經)이라 불리는 율법서, 곧 구약성경의 첫 다섯 권은 모세가 썼다. 각 권은 인류의 초기 역사를 다루고 있다. 특히 히브리 민족의 역사 중에서도 인간을 위한 하나님의 법과 목적이 주를 이루는데, 심지어 21세기를 살아가는 우리에게도 적용된다. 하나님께서는 자신의 법을 기록하는 일을 모세에게 맡기셨다. 그가 하나님께서 그분의 법을 말씀하시는 걸 들었고, 모든 일과 결정을 두고 하나님과 의논했고, 그분의 법에 순종했기 때문이었다.

이스라엘의 초기 역사에서 모세가 하나님의 법을 기록하는 한 사건이 일어났다. 민수기 9장에 기록된 이 사건은 모세가 모든 일에서 하나님의 조언을 의지했다는 걸 보여준다.

출애굽을 한 지 1년이 지났을 때 하나님께서는 모세에게 백성이 유월절을 지키게 하라고 명하셨다. 애굽 전역에서 인간의 장자와 가축의 만물을 치신 밤을 기념하라는 뜻이었다. 그 밤에 하나님께서는 문설주와 인방에 어린 양의 피를 바른 자기 백성의 집은 그냥 넘어가셨다. 이 기념일은 첫 유월절 밤에 제정된 "그 모든 율례와 그 모든 규례대로" 지켜야 했다(민 9:3).

그런데 누군가가 죽어서 그 시체를 만짐으로 부정해져서 유월절을 지킬 수 없는 사람들이 있었다. 당신이 이런 상황에 처했다고 상상해보라. 이스라엘 역사에서 가장 큰 사건, 곧 출애굽을 기념하는 유월절을 지키고 싶지만 가족의 죽음이 이를 가로막는다. 모세가 유월절을 지키라고 명한 바로 그날, 이들은 불만을 안고 모세를 찾아가 따져 물었다.

우리를 금지하여 이스라엘 자손과 함께 정한 기일에
여호와께 헌물을 드리지 못하게 하심은 어찌함이니이까

민 9:7

모세는 곧바로 이들의 상황이 특수하다는 걸 알고 대답했다.

기다리라 여호와께서 너희에게 대하여
어떻게 명령하시는지 내가 들으리라

민 9:8

모세가 하나님을 기다렸다고 말하는 이 구절은 우리 가운데 가장 지혜로운 자라도 해답이 없다는 걸 일깨워준다. 또 삶에서 아주 부당해 보이는 문제를 하나님께 내어놓을 수 있다는 것도 알려준다. 하나님께서 우리의 기다림에 맞는 해답과 지침을 주는 근원이시라는 걸 알면 큰 확신이 생긴다.

민수기에서 하나님께서는 이들의 특수한 상황에 맞는 특별한 지침을 주려고 준비하고 계셨다. 이들을 위해 준비하셨고, 이들로 하여금 그분의 지침을 지키게 하셨다. 이들은 하나님께서 감당하지 못할 상황을 그들에게 맡기지 않으시고, 대신에 그분에게 순종하며 살길을 내신다는 걸 알았기에 큰 확신을 얻었다.

기다리는
아버지의 표본

하나님께서 다윗과 예레미야와 누가와 시므온의 말을 통해 그분의 백성에게 기다림에 관해 지침을 주셨듯이 예수님은 기다림의 특별한 목적을 다루고, 하나님 아버지께서 어떻게 기다리시는지 보여주는 비유를 들려주신다. 방탕한 자녀나 식구가 돌아오길 기다리는 풍경에서 상황은 저마다 사뭇 다르다. 우리의 자녀들을 집과 교회에서 꾀어내고, 예수님의 생활 방식을 버리게 만든 주범도 매우 다양하다.

하나님께서는 우리의 자녀들에게 그분에게 헌신하며 살라고 말씀하신다. 그러나 이러한 그분의 음성은 숱한 목소리로 넘쳐나는 시끄러운 세상의 소음에 묻힌다.

"이봐! 하나님이란 양반의 소리는 무시해! 이리 와서 나랑 즐기자고!"

"넌 다 가질 수 있어. 그럴 자격이 있다고. 하나님 말고 날 따라오란 말이야!"

이렇게 외치는 특권과 재물의 소리에 묻히는지도 모른다. 우리의 자녀들이 세상의 소리에 넘어가 자유와 즐거운 삶으로 위장한 아픔이나 고통이 가득한 캄캄한 세상으로 이어지는 길을 따라가거나 피상적 희망이나 거짓 약속만 주는 세상적 성공의 길을 따라갈 때 우리의 마음은 찢어진다.

예수님은 기다리는 아버지가 등장하는 탕자의 비유를 우리의 탕자 아들이나 딸, 자매나 형제, 손자나 손녀가 돌아오길 기다리는 풍경에서 어떻게 살아야 하는지를 본보기로 들려주신다. 예수님은 성육신한 자신의 마음과 신실하신 아버지 하나님의 마음으로 우리의 아이들이 영적, 육적 파멸의 길로 이끄는 이러한 세상의 소리를 좇는 데서 돌아서길 기다릴 때 살아가야 하는 방식을 나누신다.

이 유명한 비유는 누가복음 15장 11-24절에 나온다. 집 나간 아들을 기다리는 아버지의 처지가 되어보라. 사랑하는 아들이 돌아오길 기다리는 아버지의 특징을 살펴보라.

많은 사람들은 이 비유를 읽으면서 자신이라면 이 아버지처럼 자식의 요구를 모두 들어주지는 않을 것이며, 어린데다 책임감까지 없는 자식에게 유산을 덥석 안겨주는 일은 절대 없을 거라고 말한다. 그러지 않을지 모른다. 그러나 나는 중독된 자녀가 치료와 상담을 한 번이 아니라 거듭거듭 받게 하느라 가진 재산이나 연금을 다 쓰는 부모들을 알고 있다. 재물을 좇는 자녀들을 응원하고, 소위 성공했다는 사람들이 누리는 걸 자녀들이 제 힘으로 성공하기 전에 안기는 부모들도 있다.

그런가 하면 경제적 능력은 없지만 뭐든 가능하게 만들어버리는 대가들이 있다. 이런 부모들은 약물이나 알코올에 중독된 자녀들을 안전하게 지키고, 자녀들이 자신의 행동과 결과에 책임을 지지 않게 해주며, 그들 때문에 늘 주변 사람들과 하나님께 변명하는 데 힘을 쏟는다.

당신은 자신의 자녀가 이런 길로 내닫는 걸 보면 무슨 짓을 해서라도 막을 거라고 생각하는가? 어떤 부모들은 그렇게 할 것이다. 많은 탕자의 부모들이 자녀가 줄곧 예수님과 함께 걷게 하기 위해 할 수 있는 일은 무엇이든 다 했다. 하지만 어떤 부모들은 상황이 걷잡을 수 없게 될 때까지 자녀의 행동에서 나타나는 징후를 무시하기도 한다.

탕자를 키운 경험이 없다면 어떤 조기 경고 체계가 있어서 자녀의 일탈을 막을 방법이 틀림없이 있을 거라고 생각한다. 또 하나님께서 이들을 막고 되돌릴 방법을 주실 거라고 믿는다. 때로 우리의 개입이 자녀를 되돌려놓기도 할 것이다. 그러나 선택은 하나님께서 창조하신 것의 일부이기에 자녀가 강제로 예수님을 따르도록 할 수는 없다.

예수님의 비유에서 아버지를 하나님 아버지로 본다면 자녀가 영적으로 "내 마음대로 하게 내버려두세요"라고 말할 때, 하나님께서는 그를 막지도 않으시고, 자기를 부인하고 자신의 십자가를 지고 예수님을 따르라고 강요하지도 않으신다. 하늘에 계신 아버지의 계획은 그분의 모든 자녀가 하나님나라의 삶을 충실히 사는 것이다.

자녀들이 가겠다고 선택할 때 하나님 아버지께서는 이들이 선택한 그 길을 아신다. 어떻게 구부러졌고, 어디가 얼마나 파였는지를 다 아신다. 또한 그들이 자원과 삶을 어떻게 허비할지도 아시며, 그들이 아픔과 고통을 통해 배워야 할 교훈도 아신다.

우리는 이 비유를 읽으면서 자신이라면 절대 자녀를 구정물통 하나만 달랑 있는, 처참하기 이를 데 없는 지경에 빠지게 두지 않을 거라고 말한다. 하나님께서 주려는 교훈은 이 탕자가 누렸던 사치스럽고 방탕한 생활에서 배울 수 없고, 삶의 가장 낮은 자리인 돼지우리에서야 배울 수 있다고 말씀하신다.

당신의 자녀가 삶을 허비할 때 기다림이란 가서 남은 거라도 구해내자는 마음과 자녀를 잘 양육하고 영적으로 잘 인도한 효과가 나타나 그가 집으로 돌아오길 기다려보자는 마음 사이에 벌어지는 줄다리기일 수 있다. 당신의 마음에서 감정이 요동친다. 어느 순간에는 자녀의 어리석음에 울화가 치밀다가도 한편으로는 그가 창창한 자신의 삶을 허비한다는 생각에 절망에 빠진다.

그러면 하나님께서 자녀를 지키고 회복시켜달라는 간구의 기도가 자녀가 죽지 않게 해달라는 애원으로 바뀐다. 어떤 부모들은 탕자를 오래도록 기다리다 지쳐서 모든 사랑과 걱정의 말과 부모로서의 아픔과 고통도 모두 지워버리고, 자녀를 무관심과 절망 속에 남겨두기도 한다. 탕자를 기다리는 부모의 사랑 이야기는 저마다 다르다.

우리 모두는 탕자가 돼지를 치다가 마침내 제정신을 차렸다는 결말을 좋아한다. 아주 중요한 한 부분을 보자.

그는 돼지가 먹는 쥐엄 열매라도 좀 먹고
배를 채우고 싶은 심정이었으나,
그에게 먹을 것을 주는 사람이 없었다.

눅 15:16, 새번역

이것이 예수님이 제시하신 기다림의 모델 가운데 한 부분이다. 탕자들이 가진 걸 다 허비하고 나면 누구도 이들에게 그 무엇도 주려하지 않는다. 돈이 떨어지고 성공이 실패로 바뀌자 새로 사귄 친구들은 이들을 버렸다. 옛 친구들은 이들에 대한 신뢰를 잃었다. 가족은 숱하게 상처를 받아 이들을 받아들이거나 손을 내밀려고 하지 않는다.

탕자들은 오직 자신의 생각과 성령의 속삭임만 남았을 때가 아니고는 제정신을 차리지 못한다. 자신의 인생에서 희망을 잃어버리고 공허한, 가장 낮은 '바닥'에 이르기를 기다릴 때 과거에 살았던 집과 좋았던 것들과 충족되었던 것들을 떠올린다. 그리고 이들의 머리와 마음에는 온통 그것들을 다시 누리고 싶은 갈망으로 가득 찬다. 이것이 "그들이 돼지우리에서 죽으면 어쩌지"라는 가장 힘든 기다림이다.

인간적인 시각에서 볼 때 탕자의 아버지는 아들이 먼 나라에 가서 자신의 생명과 영혼을 위협하는 세상의 생활 방식대로 살기로 선택한 걸 아는데 어떻게 아들을 기다릴 수 있었을까? 자신이 내어준 재산을 그가 허비한다는 소식을 이스라엘 정보원들을 통해 들었는가? 아들이 허랑방탕하게 사는 모습이 페이스북(Facebook) 사진들처럼 그의 눈앞에 보였는가?

확신해도 좋다. 하나님께서는 당신이 탕자를 보호하고 구원해 달라고 상한 마음으로 부르짖는 기도를 들으신다. 그리고 그들이 돌아오길 기다릴 힘을 당신에게 주실 것이다. 성령께서 당신의 탕자에게 말씀하시고, 제정신으로 돌아오라고 그를 부르실 것이다. 선택은 그들의 몫이다.

누가복음 15장은 아버지가 아들을 내내 기다렸다고 말한다.

이에 일어나서 아버지께로 돌아가니라
아직도 거리가 먼데
아버지가 그를 보고 측은히 여겨
달려가 목을 안고 입을 맞추니

눅 15:20

아들이 많은 재산을 허비했으니 분명히 긴 시간이 흘렀을 것이다. 그러나 집에서는 삶이 계속되었다. 형과 아버지는 함께 땅을 경작하고 있다. 집에는 종들이 있고, 목초지에는 살진 송아지들이 있다. 아버지는 기다림에 지치거나 기다림을 포기하지 않았다. 우리에게도 탕자 외에 자식이나 손자나 형제자매들이 있다. 이들은 선한 결정을 내리고, 그리스도를 중심에 두고 신실하게 살고 있다. 기다린다고 해서 문만 쳐다보고 있어서는 안 된다. 탕자가 돌아오길 소망하면서도 이들의 삶을 온전히 살펴야 한다.

매일 아버지는 사랑하는 아들이 집으로 돌아오는 모습이 보이길 바라면서 길을 내다보았다. 전화가 울릴 때 가슴이 뛰고, 딸이나 아들이나 누이나 언니이길 바라지 않는가? 당신이 밖을 내다보는데 거기에 그가 또는 그녀가 서 있다면 어떻게 될지 숱한 시나리오를 상상해보지 않는가? 사랑하는 자녀가 돌아오면 어떤 말을 하는 게 가장 적절할지 궁리하며 머릿속에서 썼다가 고치기를 반복하지 않는가? 그러나 그들을 다시 만날 때 어떻게 할지 대본을 준비할 필요가 없다.

하나님께서 우리의 기다림을 조절하셨듯이 해야 할 말을 주시고, 탕자를 향한 사랑과 연민으로 우리의 마음을 채우실 것이다. 우리는 그들을 끌어안고 입 맞추며 울 것이다! 자녀를 보호하고 돌아오게 하신 성실하신 하나님께 감사하며 찬양할 것이다!

아버지 하나님은 기다림의 대가다. 하나님께서 기다리지 못할 탕자는 없다. 성령으로 그들에게 아버지의 사랑과 보살핌을 일깨우시게 할 준비가 될 때와 이들이 발길을 돌려 집으로 향할 때를 기다리신다. 하나님께서 바쁘셔서 이들이 기다림의 풍경에서 시야에 들어와도 보지 못하시는 날은 없다. 아버지 하나님께서는 그들을 사랑과 연민으로 끌어안고, 그분의 가족 한가운데로 회복시키려 준비하고 기다리신다.

당신은 한때 누군가를 기다림의 풍경에 세워두었던 탕자였을지 모른다. 우리가 기다림에서 나와 약속에 들어갈 때 하나님께서 주시는 생명은 영광되고 충만하다. 새 생명은 기다리는 자뿐 아니라 그가 기다리는 대상을 위한 것이다. 당신의 가족과 당신의 아버지는 당신이 집에 돌아온 걸 영원히 기뻐한다.

집으로 돌아갑니다

나는 멀리 떠났고, 당신은 생각지도 않다가

절망과 비극에 빠졌습니다.

내가 구하던 것들은 내게 아무런 보상도 주지 못했습니다.

주님, 나는 당신의 탕자였고, 당신과 관계를 끊었습니다.

내 깊은 수치와 방종 가운데서

당신의 사랑과 용서가 부드럽게 나를 불렀습니다.

나는 무릎을 꿇고 후회의 눈물을 흘렸습니다.

나는 자신을 낮추고 내가 전에 알았던

사랑과 힘의 근원을 보았습니다.

아버지 하나님께서 말씀하셨습니다.

"얘야, 집으로 돌아오너라!"

—

하나님을 기다리는 기쁨이란 그분과 함께 기다린다는 실제다.

하나님께서 그저 멀리 하늘 보좌에서 우리를 지켜보지 않는다.

예수님을 따르는 우리 안에 거하시는 성령을 통해 우리와 함께 계신다.

우리는 하나님께 들은 약속이 이뤄지길 기다리는 동안에

그분의 임재를 감지하고 느낄 수 있다.

Part 3

흔들리지 말고
지금처럼 기다려라

09

탕자의 기다림

기다림의
전쟁

우리는 탕자의 비유에서 깨어 기다리는 아버지의 전형을 보았다. 이 생생한 광경은 하늘에 계신 우리 아버지께서 우리가 사랑하는 탕자가 '제정신이 들어' 우리의 가정과 하나님의 가정으로 돌아오길 깨어 기다리신다는 사실을 재확인시킨다. 우리는 어떻게 아버지 하나님께서 세상을 향하고 육체를 따르는 그분의 자녀들이 세상의 속임에 반응하여 아버지에게서 받은 걸 끝내 다 잃도록 허용하시는지를 보았다.

당신과 내가 아는 숱한 가정의 기도 목록을 보면 이들이 깨어 기다리는, 사랑하는 탕자가 있다. 어쩌면 당신 자신이 세상의 거짓된 화려함과 포스트모던 사상가들의 거짓 철학과 유명하고 돈 많은 사람들에게 현혹된 적이 있었는지도 모른다. 나는 당신이 얼마나 "허비했는지," 또는 당신이 어디에 있다가 "자신의 영적 감각을 되찾았는지" 알지 못한다. 그러나 나는 오직 아버지만이 채우실 수 있는 영혼의 공허, 영적 구멍이 탕자들로 하여금 돼지우리에서 나와 집으로 향하게 한다는 것을 안다.

아버지가 멀리서 아들의 모습을 발견할 때까지 기다림의 풍경은 아버지의 시각에서 보면 황량하기만 하다. 그러나 탕자가 기다림의 풍경을 지날 때 그곳은 훨씬 더 황량하다. 그가 가족에게서 멀어질수록 그 풍경은 더 황량하고 더 길다. 교전(交戰) 지역의 풍경처럼, 산산조각 난 꿈과 불타버린 삶이 길을 따라 즐비하다. 가능성의 잔해가 텅 빈 자리에 쓰레기처럼 흩날린다.

사도 베드로가 말한 으르렁대는 사자처럼 원수가 어슬렁대며, 그가 또는 그녀가 사로잡혔고 절대로 집으로 돌아가지 못한다는 메시지를 던진다(벧전 5:8).

바바라는 내게 방탕한 딸이 돌아오길 10년을 깨어 기다렸다고 말했다. 아픔과 숱한 실망에도 그녀는 절대 포기하지 않고 딸이 돌아와 신앙을 회복하도록 내내 기도했다.

어느 날 그녀의 딸이 가방을 꾸려 유럽으로 훌쩍 떠났다. 떠나기 전에 가족과 함께한 마지막 식사에서 딸은 여행을 하면서 하나님을 찾아보겠다고 했다고 한다. 그때 바바라의 집에 와 있던 손자가 할머니에게 다가와 속삭였다.

"고모는 하나님이 바로 여기에 계시는 거 모르나 봐요?"

딸이 여행을 하는 동안 여행 짐에 죄의 짐이 더해지면서 그녀의 영혼에 패인 구멍이 갈수록 커졌다. 그녀는 여행지 어디서에서도 하나님을 발견하지 못했다. 그러다가 마지막으로 런던의 세인트 폴 대성당에 이르렀다.

하나님께서는 수백 년 된 대성당 앞에서 말을 잃은 그녀의 이름을 부르시며 집으로 돌아가라고 말씀하셨다. 지평선에 언뜻 드러난 딸의 모습과 함께 하나님의 약속이 성취되었을 때, 기도로 채워진 바바라의 오랜 기다림이 마침내 끝나가고 있었다.

사탄은 우리의 자녀들을 꾀어 집과 교회에서 배운 하나님의 말씀 속의 가치가 더는 통하지 않는다고 믿게 하는 데 선수다. 사탄은 성경적 세계관과는 완전히 다른 세계관을 제시한다. 옳은 것을 그르고 고리타분해 보이게 하고, 그른 것은 21세기에 완벽하게 들어맞는 것처럼 보이게 한다. 그러나 텔레비전 뉴스나 신문 머리기사를 읽거나 온라인 뉴스만 훑어보아도 알 수 있듯이 세상의 많은 부분이 도덕적 나침반을 잃었다.

사탄은 사회를 꾀어 '도덕적 파멸'이라는 자신의 궁극적 계획을 수용하도록 단어를 재정의하게 했다. 제프 아이오그(Jeff Iorg)는 《선교사처럼 살라》(Live like a Missionary)에서 이렇게 말한다.

"이 세대는 포용을 재정의했다. 예전에 포용은 자신과 다른 입장을 견지하는 사람들에 대한 인내와 존경을 의미했다. 포스트모던 사상은 포용을 모든 견해가 똑같이 타당하다고 여기고 받아들인다는 뜻으로 재정의했다. 포용은 이제 모든 사상이나 교리나 교조를 진리로 받아들인다는 뜻이다."

슬프게도 우리의 많은 자녀들이 가정과 교회에서 우리가 살아내며 가르친 기독교 가치관에 의문을 제기한다. 그리고 성경적 세계관이 다른 모든 세계관을 포용하지 않기 때문에 틀렸다는 생각을 받아들인다.

사탄은 창세기 3장부터 지금껏 일하고 있다. 그는 하나님께서 우리의 삶에서 정하신 경계를 무너뜨리고, 가장 선한 사람들까지 그들의 눈에 선해 보이는 것으로 유혹한다. 사탄은 "네가 먹는 날에는 반드시 죽으리라"(2:17)라는 하나님의 말씀을 "너희가 결코 죽지 아니하리라 너희가 그것을 먹는 날에는 너희 눈이 밝아져 하나님과 같이 되어 선악을 알 줄 하나님이 아심이니라"(3:4,5)라는 거짓말로 재정의했다.

아담과 하와는 금단(禁斷)의 열매를 먹은 후, 기다림의 풍경에 숨어 하나님께서 그들의 죄와 수치를 보실 때까지 기다렸다. 그리고 사탄이 악한 속임수와 유혹의 대가라는 사실을 알게 되었다. 금단의 열매를 군이 여러 번 베어 물지 않아도, 우리 자녀들은 하나님을 피해 숨어서 그분이 자신들의 죄와 수치를 보시리라는 걸 알고, 그때까지 기다리며 두려워하게 된다.

이사야는 그리스도께서 오시기 800년 전에 이렇게 기록했다.

악한 것을 선하다고 하고 선한 것을 악하다고 하는 자들,

어둠을 빛이라고 하고 빛을 어둠이라고 하며,

쓴 것을 달다고 하고 단 것을 쓰다고 하는 자들에게,

재앙이 닥친다!

사 5:20, 새번역

죄악 가운데 뒹굴며 살면서 성경적 세계관대로 살지 않으면 어떻게 되는가? 탕자들이 하나님께서 그들의 죄와 수치를 처리하실까 봐 두려워서 떨며 기다리게 된다. 하나님께서는 이들의 돼지우리 생활을 드러내고, 아버지의 것에 주리게 하며, 제정신으로 되돌리는 방식으로 이들의 죄와 수치를 처리하실 것이다.

기다림과 영적 전쟁의 풍경에서 탕자가 교차로에 이른다. 그가 "나는 다음 주에 달라질 거야"라는 길이나 "내가 제정신을 차린

후에"라는 길을 선택할 것인가 아니면 "먼저 나 자신을 깨끗이 해야지"라는 길을 선택할 것인가?

어떤 길도 제정신을 차린 사람을 위한 게 아니다. 이런 길은 더 많은 상실과 더 더러운 돼지우리로 이어질 뿐이다. 이들을 위한 길은 '집으로'라는 표지판이 붙어 있고, 곧바로 깨어 기다리는 하늘 아버지께로 인도하는 길이다. 사랑받는 자녀는 아무리 멀리 떠났고, 깊이 중독되었고, 더럽더라도 그 길에 첫 발을 내딛고서야 깨어 기다리는 아버지의 모습을 마침내 볼 수 있다.

바바라의 딸은 제정신이 들었다. 그녀는 자신이 돌아오길 기쁨으로 고대하며 깨어 기다리는 가족과 하늘 아버지를 발견했다.

남편 브래드는 집으로 돌아가는 길을 찾으려 애쓰는 사람들의 여정을 단축시켜준다. 그는 지역 노숙인 쉼터인 '스트리트 리치'(Street Reach)에서 자원봉사자로 일하는데, 여기서 시행하는 가정 회복 프로그램을 통해 《내 안의 위대한 나》(Search for Significance)를 교재로 매주 성경 공부를 인도한다. 남편은 또한 그리스도인의 12단계 프로그램도 도우며, '회복으로'(Relapse to Recovery)라는 지원 그룹도 인도한다.

우리는 사우스캐롤라이나로 옮겨 함께 선교할 방법을 찾아보았다. 정착할 새로운 지역사회에서 다양한 기회를 찾아보았다. 지역 급식소에서 식사 서빙을 하고, 가정마다 도시락을 배달하며, 가정에서 성경 공부도 인도해보았다. 그러나 이 가운데 어느 하나도 남편이 말하는 영적 "아하!"의 순간이 되지 못했다. 우리가 노숙자 쉼터를 처음 찾아가 그곳에서 봉사할 수 있는지 알아볼 때였다. 나는 남편의 얼굴에서 "아하!"의 표정이 번지는 것을 보았다.

남편은 하나님께서 그곳에서 지내는 사람들을 향해 자신의 마음에 부어주시는 사랑을 곧바로 느꼈다. 우리의 사역은 한 달에 두 번 저녁 식사 시간에 음악과 기도로 시작되었다. 책임자는 남편이 '손님들'을 따뜻하게 대하는 걸 보고, 성경 공부반을 시작하도록 했다. 이러한 첫 헌신을 계기로 그에게 다른 사역지들이 생겨났다. 그 첫날부터 약물 중독자들과 알코올 중독자들이 하나님 안에 있는 새 삶을 향한 그분의 부르심을 듣도록 도와야겠다는 뜨거운 마음이 일었다.

슬프게도 우리가 노숙자 쉼터에서 만난 어떤 사람들은 당신과 나의 탕자들처럼 각자의 가정과 교회를 떠난 탕자들이었다. 이들이 거짓의 아비에게 속아 따라간 길은 이들을 더 깊은 약물의 세계로 이끌었고, 마약과 술에 더욱 의존하게 했다. 이들은 친구와 가족과 직장과 본래 자신의 모습을 잃었다. 자신들이 원래의 자리로 돌아갈 수 있게 하는 다리를 불태운 것처럼.

많은 사람들이 교도소를 경험했고, 다른 회복 프로그램도 시도해보았다. 그러나 이들은 수년간 마약과 술에 중독되어 감각이 둔해졌고, 몸과 마음과 영혼이 서서히 파괴되기 시작했다. 예수님의 이야기에 나오는 탕자처럼 모든 걸 탕진했고, 돼지우리에서 지내는 처지였지만 도와줄 사람이 하나도 없었다.

이들은 황폐할 대로 황폐해진 상황에서 제정신을 차렸고, 노숙자 쉼터를 찾아왔다. 이곳에서 이들은 회복 프로그램을 시작할 기회를 얻었고, 하나님의 사랑과 사람들의 보살핌이 어우러진 치유를 경험했다. 예수님이 자신들을 절대 잊지 않으셨고, 사랑하길 멈추지 않으셨다는 말을 날마다 들었다. 남편과 같은 자원봉사자들이 이들과 함께 황량하고 전쟁으로 파괴된 풍경을 따라 길을 걷다가 이들이 돌아오길 기다리시는 아버지를 발견했다.

하나님께서 어떤 이들은 편안한 삶과 쾌적한 자리를 떠나 기다림의 풍경에서 사역하며 희생자로 살아가는 아이들을 구해내라고 부르셨다. 켄터키의 컴벌랜드 중심부에 구조를 바꾼 건물이 있는데, 이 건물에서 한 단체가 아이들과 십 대들을 돌보고 있었다. 애팔래치아 산맥이 지나는 지역에 자리한 이 건물에 남침례교 산하 북미선교회(NAMB)의 선교봉사대 소속의 테리와 앤지 버킨 선교사 부부가 이끄는 '클럽 180'이 있다.

이들은 자신들이 만들어내지 않은 황폐한 기다림의 풍경에서 희생자로 살아가는 아이들에게 다가간다. 대부분은 가난하게 태어났거나, 학대받거나, 부모가 마약과 알코올에 중독되어 제대로 양육받지 못한 아이들이었다. 그래서 아이들은 가족의 사랑이나 하나님의 사랑을 거의 알지 못했다. 이들은 모든 잘못된 곳에서 사랑과 관심을 찾고, 누군가 자신을 고통스러운 삶에서 구해주길 바라고 기다렸다.

그러나 십 대가 되기도 전에 몇몇은 나쁜 사람들의 유혹에 넘어가 앞 세대를 따라 죄로 가득한 삶에 빠져들기 시작했다. 클럽 180은 이들에게 피난처가 되어주었고, 생명이신 예수님을 전했다. 테리와 앤지 선교사는 이들이 가정으로 돌아오길 깨어 기다리시는 하늘 아버지의 진짜 이야기를 들려주었다. 이들은 아이들이 아버지 하나님께서 사랑을 주려고 하신다는 걸 깨닫도록 도왔다.

"아버지 하나님은 너희들을 절대 버리지 않으신단다. 또 너희를 실망시키지 않을 사랑을 주시는 분이야."

당신에게 방탕한 자녀나 누이나 형제나 손자들이 있다면 용기를 내라. 하나님께서 테리와 앤지 선교사와 남편 브래드를 현장으로 데려가 구원하는 그분의 사랑을 보여주셨고, 이들을 당신과 하늘 아버지께서 기다리는 집으로 인도하셨다. 바바라처럼 이들이 돌아오길 깨어 기다릴 때 절대 포기하지 말고 기도하라!

당신의 삶에서 탕자들은 누구인가? 당신 친구들의 삶에서 탕자들은 누구인가? 하나님께서 그들이 제정신을 차릴 수 있도록 당신의 기도를 어떻게 바꿀 수 있겠는가?

 탕자가 돌아오길 기다리는 일은 고통스럽다. 그가 하고 있으며 당신이 아는 일과 그에게 일어나고 있을 거라고 당신이 상상하는 일 때문이다. 하나님께서는 당신의 고통을 허비하지 않으실 것이다. 그분은 그것을 사용하길 원하신다. 당신이 기다림의 풍경을 지나는 여정에서 하나님께 받은 것으로 어떻게 하면 하나님을 섬길 수 있을지 생각해보라.

10

그동안은 어떻게 하나요?

잠잠하게
참고 기다리라

당신은 하나님께서 _____ 하시겠다는 약속을 들었다. 빈 칸을 채워보라. 당신은 하나님의 음성을 들은 데서 그분의 약속이 성취되는 목적지로 나아가는 여정을 시작했다. 시작할 때는 열정이 넘칠 것이다. 당신을 A지점에서 약속된 B지점까지 가장 가까운 길로 인도해줄 '하나님의 GPS'도 장착했다. 그분과 함께하는 여정에서 당신은 밝은 길을 따라 수월하게 이동했다. 우리 아버지의 표현처럼 이따금 길에서 과속 방지턱을 만나 속도가 느려지기도 했다. 어떤 여정에서는 우회로를 예상하기도 해야 했다. 당신은 이런 여정을 잘 헤쳐 나갔고, 곧 주님과 함께 다시 부드럽게 전진했다. 그러나 이 여정은 다르다!

당신은 가라는 하나님의 녹색 신호등이 속도를 늦추고 주의하라는 노란색의 신호등으로 바뀌는 걸 보았다. 곧 빨간색 신호등이 켜졌고, 당신은 '끼익' 소리를 내며 정지했다. 약속은 아직 저 멀리에 있어 눈에 보이지도 않는다. 신실하신 하나님께서 정지 신호등에서 맥이 풀린 당신에게 다시 확신을 주신다. 당신은 이 약속이 하나님의 약속이라는 걸 듣고 이해한다.

이것은 하나님의 때에, 하나님의 방법으로, 하나님께서 이루실 약속이다. 인정하라. 당신은 신호등이 녹색으로 바뀌기가 무섭게 가속 페달을 밟으려고 준비한다.

이곳은 우리가 원하는 자리가 아니다. 우리는 빨간색 신호등 앞에서 엔진을 헛되게 공회전하며 기다리길 원치 않는다. 기다리라는 하나님의 빨간색 신호등은 하나님께서 명령하셔야만 녹색 신호등으로 바뀐다. 약속을 받았다거나 기다린다는 이유로 주변의 삶을 소홀히 해서는 안 된다. 하나님께서는 기다리라고 말씀하실 때, 대체로 '그동안'이라고 덧붙이신다.

사도 바울은 다소(지금의 터키)에서 기다리면서 '그동안'을 경험했다. 이 침묵의 세월에 대해서는 알려진 게 거의 없다. 당시에 사울로 불렸던 바울은 인생의 목적이 달라지는 걸 경험했다. 그리스도인들을 박해하고 죽이는 것에서 예수는 참으로 그리스도라고 전하고 외치게 되었다.

바울은 부활하신 주님을 만난 후, 새로운 길을 겸손하게 걸었다. 누가는 다메섹으로 가는 길에서 이 같은 경험을 한 후에 눈이 먼 사울에게 아나니아가 하나님의 메신저 역할을 한 이야기를 들려준다. 그 덕에 우리는 사울이 하나님께서 자신에게 주신 임무를 알았다고 생각할 수 있다. 하나님께서는 아나니아에게 이렇게 말씀하셨다.

가라 이 사람은 내 이름을
이방인과 임금들과 이스라엘 자손들에게 전하기 위하여
택한 나의 그릇이라

행 9:15

그다음 절은 사울이 시력을 회복한 후 "즉시로 각 회당에서 예수가 하나님의 아들이심을 전파하니"라고 말한다. 곧 바울이 될 사울은 여정 중에 있었다. 하나님께서 그에게 녹색 신호등을 밝혀 주셨다.

사울은 복음을 전파하는 여정의 초기에 길에서 큰 장애물을 만났다. 하나님께서 바나바를 보내 그를 돕게 하셨고, 바나바는 곧

사도의 팀원이 되었다. 바울이 그리스도 안에서 얻은 새로운 형제들이 구조팀이 되어 그가 그리스도인들에게 부지런히 행했던 박해를 피하도록 도왔다. 바울은 이렇게 구조되어 먼 길을 돌아 다소에 이르렀다. 그곳에서 하나님의 녹색 신호등은 빨간색으로 바뀌었다. 그동안 그는 무엇을 했는가?

우리는 바울이 보낸 침묵의 세월에 대해 구체적으로 알지 못한다. 하지만 그가 그리스도의 이름, 인간을 구원하는 유일한 이름을 선포하는 단련된 하나님의 도구로 다시 나타났다는 건 안다. 분명히 이 기간은 우리에게만 침묵의 세월일 뿐 바울 자신에게는 전혀 그렇지 않았다.

이 기간에 바울은 그가 사랑하는 성경을 집중적으로 연구했는가? 그가 주님을 위해 매질을 당하고, 난파하고, 투옥되는 일을 견딜 수 있게 영적, 육적으로 단련이 되었는가? 예수님을 전하고 다소의 친구들과 가족이 아버지 하나님께 나오는 걸 보았는가? 우리의 그동안은 바울의 그동안처럼 어떻게 단련되고 준비될 수 있는가?

바울이 지금 살아 있다면 나는 그를 오늘날의 용어로 묘사하고 싶다. 그는 투지가 넘치고, 혁신적이며, 강하고, 지적인 예수님의 지지자다. 또한 사명을 중시하고, 관계를 소중히 하며, 모험을 좋아하는 섬세한 저널 작가다. 또한 그리스도의 모든 것에 깊이 헌신한 사람이다. 바울이 회심 후 침묵의 세월을 보낼 때 다윗이 시편 37편 7절에서 했던 "여호와 앞에 잠잠하고 참고 기다리라"라는 말을 묵상하지 않았을까?

잠잠함과 참음과 기다림, 이 단어들 가운데 어느 하나도 내가 바울을 묘사하는 단어에 들지 않았다. 다윗은 기다림을 직접 경험하고 이해한 후에 시편을 썼고, 그의 글은 수천 년 동안 하나님의 백성이 그분의 약속이 이뤄지길 잠잠히 기다리게 했다. 다윗이 쓴 목양 시편들이 들려주는 위로하는 말은 기다리는 바울에게 향유였을 것이다. 우리의 기다림의 시간 동안 시편에서 나온 이 아름다운 찬송과 찬양이 우리의 조급한 영혼을 달래줄 것이다.

나는 본성적으로 잠잠한 사람이 아니어서 텔레비전 화면을 가만히 보며 조용히 앉아 있질 못한다. 언제나 두 손과 머리를 바쁘게 놀려 낱말이나 숫자 퍼즐을 맞추거나 뭐라도 만지작거린다. 또 해야 할 일들이 생각나면 그 일을 하려고 곧바로 일어난다.

다른 한편으로 나는 내 마음을 사로잡는 책을 붙잡고 몇 시간이고 꼼짝하지 않거나 시골길이나 해변을 수 킬로미터나 쉬지 않고 걸을 수도 있다. 멈추고 가만히 서 있는 건 내 본성에 맞지 않는다. 그러나 하나님께서는 다윗을 통해 우리에게 가만히 있으라고 명령하신다. 우리가 이 절에서 읽은 부분은 "잠잠하라," "조용히 하라," "주님 안에서 쉬라" 등으로 다양하게 번역된다. 친구들과 가족들이 이 말로 재빨리 당신에게 조언한다. 나는 이 말을 자주 듣는다. 나는 이 구절을 읽었고, 빨간색으로 밑줄도 그었다.

두루마리에 있는 이 구절에 바울이 1세기 때 쓰던 빨간 잉크로 밑줄을 그었을 때, 더 잠잠해졌는지 궁금하다. 하나님의 완전하신 명령을 이해하려면 뒤를 돌아보아야 한다. 내 성경은 시편을 펴면 7절이 왼쪽 맨 위에 있다. 그래서 책장을 뒤로 넘겨 앞의 네 절을 읽어야 무슨 말인지 이해가 되었다.

여호와를 의뢰하고 선을 행하라

땅에 머무는 동안 그의 성실을 먹을거리로 삼을지어다

또 여호와를 기뻐하라

그가 네 마음의 소원을 네게 이루어주시리로다

네 길을 여호와께 맡기라 그를 의지하면 그가 이루시고

네 의를 빛같이 나타내시며

네 공의를 정오의 빛같이 하시리로다

여호와 앞에 잠잠하고 참고 기다리라

자기 길이 형통하며 악한 꾀를 이루는 자 때문에

불평하지 말지어다

시 37:3-7

잠잠히 기다린다는 건 육체적인 게 아니라 영적인 것이다. 내 말에 동의할 수 있는가? 이러한 영적 잠잠함을 깨달을 때, 우리의 마음에 신뢰 문제가 다시 일어난다. 이 장에서 우리의 여정을 계속해서 비유하자면 기다림의 풍경 전체에 주와 주를 잇는 고속도로의 거리 표시처럼 '신뢰'라는 표지판이 붙는다. 당신이 하나님과 함께 여행하는 중에 하나님께서 "기다려"라고 말씀하실 때 그분을 신뢰해야만 영적으로 잠잠할 수 있다.

하지만 하나님께서 다윗을 통해 우리에게 주신 명령에서 신뢰는 혼자가 아니다. 그것은 "선을 행하라"와 짝을 이룬다. 이 둘이 함께해야 그 땅에서 하나님의 신실하심으로 번영을 누리며 안전하게 거할 수 있다. 나는 기다리면서 주위를 둘러보았고, 멈춰서 그곳에 거하기는커녕 아무것도 하고 싶지 않았다.

그곳은 약속된 땅이 아니었으며 약속에 맞춰진 내 눈에는 목가적으로 보이지 않았다. 목가적이란 행복과 성취가 있고, 양들이 완만한 경사지에서 배불리 풀을 뜯는 유쾌한 것을 일컫는 말이다. 우리는 기다리면서 영적으로 잠잠하기 위해 어떻게 우리의 생각을 이런 곳에 두는가?

다윗은 자신 이전에 이스라엘을 이끈 여호수아가 받은 하나님의 말씀을 경험을 통해 진지하게 받아들였다.

이 율법책을 네 입에서 떠나지 말게 하며

주야로 그것을 묵상하여

그 안에 기록된 대로 다 지켜 행하라

그리하면 네 길이 평탄하게 될 것이며

네가 형통하리라

수 1:8

"하나님을 신뢰하고 그분 앞에서 잠잠해야 한다"라는 그분의 아름다운 말씀을 여는 열쇠가 필요하다는 걸 우리는 잘 알지 못한다. 하나님의 인도로 다윗은 하나님께서 여호수아에게 하신 말씀이 떠오르는 시편에서 우리에게 그 열쇠를 건넨다.

오직 여호와의 율법을 즐거워하여

그의 율법을 주야로 묵상하는도다

시 1:2

묵상의 대가인 다윗은 하나님의 율법을 묵상하는 게 그의 기쁨이라고 말한다. 우리가 다윗의 책에서 한 페이지나 시 한 편을 취해 우리의 것으로 삼는 게 우리의 기쁨일 수 있다. 가능하면 여러 편을 취하라. 시편 중 열여섯 편이 하나님의 것인 약속, 율법, 선하심, 강력한 행위, 명령, 규례, 변함없는 사랑 묵상하기에 대해 말한다. 그중 하나를 선택해 오늘 낮과 밤에 기뻐하고, 또 하나를 선택해 내일 낮과 밤에 기뻐하라.

우리는 지금 진정한 '목가적 그림'을 얻고 있다고 생각된다. 하나님께서 도중에 우리의 걸음을 멈추시게 하는 곳은 어디나 우리의 안전한 풀밭이 될 것이다. 우리는 그저 안전한 풀밭에서 쉬는 게 아니라 가는 길에 잠시 멈춰 다른 사람들을 섬기고, 그들에게 선을 행하기 위해, 양육을 받고 복을 받는 것이다.

우리 부부가 남쪽으로 이사하려고 기다릴 때 순종하는 마음으로 우리가 교회와 교단에서 맡은 책임을 하나씩 내려놓았다. 하나님께서는 우리가 섬겼던 자리에 우리를 대신할 사람을 보내주셨다. 우리의 기다림을 이용해 재정 관리, 집사의 책임, 청지기의 역할, 남침례교 여선교회(WMU) 리더가 갖춰야 할 기술, 간호 관리에서 우리로 하여금 그들을 훈련하도록 하셨다. 그래서 우리의 여정에서 멈춰 기다리는 동안 선한 일을 한껏 했다.

평생지기 가족과 친구들을 떠나겠다는 우리의 결정을 사람들은 잘 이해하지 못했다. 더러는 우리 집이 팔리지 않도록 기도하겠다고 대놓고 말했다. 또 하나님께서 다른 곳으로, 아무 데로나 부르시는 것에 대해 실제로 두려움을 표하기도 했다.

나는 그들을 이해할 수 있었다. 우리의 기다림이 길어지면서 전체 그림인 하나님의 부르심, 하나님과 함께하는 여정, 하나님을 기다림, 하나님의 이루심을 보는 친구들에게서 새로운 격려를 받았다. 하나님께서 그들을 우리처럼 부르실 때 자신들도 신실하게 따를 수 있길 바란다고 말하며 우리의 신실한 기다림에서 감동을 받았다고 말했다.

11

제 자리를 찾아가는 시간

놀라운
예비하심

의료 선교는 내가 조기에 은퇴한 중요한 목적이었다. 나는 오랫동안 가정 의원의 간호사로 근무하면서 다양한 의료 선교팀에서 필요한 준비를 했다. 그래서 은퇴하라는 하나님의 부르심이 내 간호사로서의 경험을 사용하시겠다는 거라고 확신했다. 세상은 내 간호 무대가 될 것이라고 생각했다.

새로운 교회 가족과 1년을 함께했을 때 건설 선교팀이 꾸려졌다. 이 팀에는 의료 코디네이터가 필요했다. 내가 가장 빨리 손을 들었다. 건설팀이 멕시코 북부의 미국 국경 부근인 피에드라스 네

그라스 도시에서 며칠간 집을 짓는 동안 나는 다른 간호사와 함께 이들에게 물을 공급하고, 건강을 돌보는 책임을 맡았다.

선교팀이 목적을 완수하려면 팀원들의 건강이 매우 중요하다. 첫 선교 여행에서 나는 의료 코디네이터의 역할이 얼마나 중요한지 배웠다. 규모가 큰 병원에서 의료진을 조직화하고 간호사들의 일을 배분했던 경험을 살려 선교팀의 의료 코디네이터로서 포괄적인 계획을 세워야겠다는 도전을 받았다. 집을 짓는 데 초점을 맞춘 선교 여행에 동행하면서, 하나님께서 우리를 다시 멕시코로 보내 길을 잃은 양들에게 그리스도를 집중적으로 전할 기회를 갖게 하시길 바랐다.

나는 의료 코디네이터로 섬기는 일을 즐기는 만큼이나 내 간호 기술을 예수님을 알아야 하는 사람들에게 사용하고 싶었다. 그래서 내 은퇴를 위한 하나님의 계획에 의료 선교가 포함되리라는 확신을 붙잡고 문이 열리길 인내하며 기다렸다.

우리 교회가 선교 비전을 확대하고, 남침례교 선교사들과 협력하는 방안을 찾기 시작했다. 담임목사님이 내게 애팔래치아 지역의 선교회가 후원하는 선교 여행에 참여할 기회를 주셨다. 북미선교회 선교사들이 일하는 여러 현장을 찾아보는 여행이었다.

나는 속으로 '좋아요, 가겠습니다'라고 했지만 하나님은 '데비, 너는 아니다'라고 말씀하셨다. 이해할 수 없었다. 그래서 내 반응은 겸손과 거리가 멀었다.

'제가 아니라고요? 전 여성 선교회의 대표라고요. 진심이세요?'

머릿속에서 '내가 아니면 도대체 누구란 말인가'라는 의문이 일었다. 그래서 이 문제를 두고 기도했고, 하나님께서는 나를 빌과 글로리아에게 인도하셨다. 그분은 이들이 선교 여행에 참가하길 원하셨다. 이들은 처음에는 주저했으나 곧 가겠다고 했다. 글로리아는 내게 가겠다고 했으나 돌아와 뒤이은 선교 여행들을 이끌 거라고는 생각지 않았다. 빌은 글로리아를 안전하게 지키려고 갈 뿐이라고 했다.

빌과 글로리아는 대형 버스에 편안히 앉아 아름다운 산지 풍경을 즐기며 다른 여행자들과 동료애를 나누었으며, 돌아와 교회 직원들에게 선교를 위한 가능한 연결점에 대해 보고했다. 도중에 이들이 동부 켄터키의 산악 지역에 들렀을 때 하나님께서 이들에게 개인적인 연결점을 주셨다.

메리조 선교회(Meridzo Ministries)의 사역과 한때 탄광으로 번성했던 지역 사람들의 힘든 삶을 보며 이들은 마음이 몹시 아팠다. 이들은 깊은 연민을 느끼며 돌아와 그곳의 선교사들과 협력할 수 있는 가능성이 매우 크다는 보고서를 제출했다.

보고서에서 그들은 교회가 그곳 선교사들과 협력 관계를 맺을 것을 권했으며, 그들이 첫 번째 선교팀을 이끌고 싶다고 했다. 이들의 보고서를 보면 의료팀이 매우 가난한 그 지역에 딱 들어맞을 것 같았다.

계획이 세워지고 나를 포함한 선교팀이 지원자들로 채워지면서 글로리아는 의료 선교의 가능성을 물었다. 하지만 대답이 없었다. 우리 선교팀은 건축하고, '기도산책'(prayerwalk)을 하며, 집안에서만 지내는 사람들과 양로원에서 지내는 사람들을 찾아가고, 의류 나눔 센터에서 일할 계획이었다. 모두 좋은 일이었으나 내가 그곳에서 예수님을 위해 사용하길 바라는 간호 기술은 필요 없었다.

다양한 책임이 할당되고 다양한 프로젝트를 위해 작은 팀들도 꾸려졌다. 나는 매일 아침 기도산책팀을 이끌도록 되어 있었다. 의료 선교와는 무관한 것이었다. 교회 직원이 내가 어디서 어떤 선교를 하든 기대가 된다고 했다. 그의 말이 맞다. 잃은 양들에게 어디서, 어떤 방법으로든 예수님을 전하는 일은 흥분되고, 내가 그 일의 한 부분을 맡는다는 게 감사할 따름이다. 사실 내가 참여한 선교팀에서 대부분은 간호할 기회보다 다른 일들이 많았다.

기도산책은 내게 딱 맞다. 동네를 산책하며 지나는 집에 사는 가족들을 위해 기도하고, 우편함에 적힌 그들의 이름을 아버지께 올려드리며, 지나다가 대화하는 중에 알게 된 그들의 모든 필요도 하나님께 아뢴다. 20여 년 전, 작가이자 기도산책가인 랜디 스프링클에게서 그 기본을 처음 배워 뉴잉글랜드에서 하와이까지 여러 도시에서 기도산책을 이끈 후에 그것은 내게 중요한 선교 방법이 되었다.

켄터키에서 보낸 첫 월요일 아침에 팀들이 기도하고 각자 맡은 일을 하러 나가려고 모였을 때 한 자매가 급히 들어와 우리 중에 간호사가 있느냐고 물었다. 모두 나를 쳐다보았고, 응급 상황이 벌어졌으며 선교팀 가운데 내가 나서는 게 맞다고 생각했다. 나는 간호사 모드로 차분하게 답했다.

"무슨 일이세요?"

자매는 자신을 지역 의료팀 코디네이터라고 소개한 후(우리는 그 자매와 그녀가 맡은 그런 자리가 있는지도 몰랐다), 치과팀이 전날 밤에 도착했는데 그 팀에 간호사가 없다고 했다. 환자들을 살펴서 의학적으로 치과 진료를 받을 수 있을지 결정하는 간호사가 없이는 치료가 불가능했다. 치과팀 간호사가 마지막 순간에 아파서 갈 수 없게 되자 팀은 기도했다. 하나님께서 이들에게 켄터키 주 린치에서 간호사를 공급해줄 테니 가라고 하셨다. 그 시간에 기도산책팀의 팀원들 모두 내게 "데비, 가세요"라고 했다.

나는 간호사 경험이 선교에 사용되길 기다리다가 청진기와 성경을 손에 든 채 하나님께서 짜두신 깜짝 놀랄 만한 각본 속으로 던져졌다. 내가 눈치 채지 못하는 사이 하나님의 완벽한 타이밍에 내 기술이 필요했던 것이다. 우리 가운데 누구에게라도 하나님께서 우리를 언제 어떻게 그분이 약속한 자리에 두실지 미리 말씀하셔야 할 이유는 없다. 때가 되면 우리의 기술은 우리가 세울 수 있는 그 어떤 계획보다 더 큰 필요를 채울 것이다.

나흘 동안에 나는 임시 치과 진료소가 차려진 작은 벽돌 교회당을 찾아온 남자와 여자와 어린이들을 100명 넘게 만났다. 나는 그들의 병력을 기록하고, 진료 전에 필요한 검사를 했으며, 치과 치료가 필요하다는 환자들의 말에 귀를 기울였다. 내가 대화를 나눈 환자 중 거의 모두가 영적 대화에 마음을 열었다. 이들이 가족의 필요와 심지어 자신의 깊은 영적 필요를 말할 때, 나는 말씀을 제시하고 기도하며 눈물을 흘리기까지 했다. 내가 하나님의 마음을 품고 육체적, 영적 귀를 기울인 각 사람의 마음으로 복음이 흘러들어갈 기회가 많았다.

당신이 보기에 바로 지금 해야 할 것 같은 일을 하나님께서 허락하지 않으시는 듯 보이고, 그분이 약속하신 것에 이르는 길을 찾는 모든 노력이 허사로 돌아갈 때, 이것이 하나님께서 당신을 깜짝 놀라게 하려 하시는 것일 수 있다. 과연 우리가 놀라운 순간이 닥칠 때 제대로 준비되어 있을지 걱정할 필요가 없다. 예수님은 거의 아무것도 없이 제자들을 파송하셨다.

예수께서 열두 제자를 불러 모으사

모든 귀신을 제어하며

병을 고치는 능력과 권위를 주시고

하나님의 나라를 전파하며 앓는 자를

고치게 하려고 내보내시며

이르시되 여행을 위하여 아무것도 가지지 말라

지팡이나 배낭이나 양식이나

돈이나 두 벌 옷을 가지지 말며

눅 9:1-3

내가 그 주에 하나님의 영적인 일과 간호하는 일을 하는 데 필요한 거라고는 성경과 청진기뿐이었다.

하나님의
깜짝 선물

우리는 무슨 말을 해야 할지 걱정할 필요가 없다. 각 환자에게 적절한 말이 하나님의 마음에서 내 마음으로 흘러들었다. 그렇게 많은 사람과 그리스도의 사랑을 나누면서 큰 기쁨을 맛보았다. 단지 환자들을 간호했기 때문이 아니라 약속을 지키시는 하나님의 성실하심을 거듭 경험하고, 나를 깜짝 놀라게 하시는 그분의 방법도 경험했기 때문이다.

오스왈드 챔버스는 《주님은 나의 최고봉》(My Utmost for His Highest)에서 "그러나 내 원대로 마시옵고 아버지의 원대로 되기를 원하나이다"(눅 22:42)라는 성경 구절에 대해 깊은 통찰을 보여 주었다.

"하나님께서는 때로 당신의 행복을 생각하는 것이 권리이며 적절한 것인 테스트 상황에 당신을 두신다. 그러나 당신이 믿음의 삶을 살고 있다면 기쁘게 자신의 권리를 포기하고 하나님께서 당신을 위해 선택하시게 할 것이다."

만약 내가 애팔래치아 지역 선교회를 통해 비전 트립에 참여할 내 권리를 스스로 포기하고 글로리아와 빌에게 넘기지 않았다면, 만약 내게 옳게 보이는 것을 포기하지 않았다면, 나는 하나님께서 맡기신 첫 의료 선교에 자유롭게 참여하지 못했을 것이다. 도움이 필요한 그곳 사람들 때문에 마음이 아플 일도 없었고, 그곳을 우리 교회와 연결할 선교지로 생각하지도 못했을 것이다.

또한 기다리는 동안 나를 깜짝 놀라게 하시는 하나님의 역사도 놓쳤을 것이다. 우리는 자신의 생각이 아니라 하나님의 인도하심에 민감해야 한다. 자신의 뜻이 아니라 그분의 뜻에 민감해야 한다.

하나님께서 약속을 지키신다는 말이 반드시 새로운 생활 방식이나 새로운 선교 사역을 의미하지는 않는다. 이 경우, 의료 선교는 내게 선교의 초점이 되지 않았다. 우리 교회가 켄터키 주의 탄광 지역과 협력하고, 그 후 멕시코 걸프만 지역의 선교사들과 협력하기 시작했을 때 나는 하나님께서 의료 선교에 고개를 끄덕이시길 계속 기다렸다.

심장 전문의인 닐 트라스크는 깊이 있는 하나님의 사람이다. 그와 함께할 때마다 하나님께서 그의 마음에서 일하시는 걸 느꼈다. 언젠가 나는 그에게 의료 선교를 해보지 않았느냐고 물었다.

내가 늘 선교에 관해 열정적으로 토해내는 말에 그는 시큰둥해하며 자신은 선교팀에 자원할 사람으로 보이지 않는다고 했다.

하지만 나는 성령의 일을 하는 데 그치지 않았다. 내게는 선교의 씨앗을 뿌릴 책임이 있었다. 하나님께서 물을 주실 것이었다. 어떤 씨앗은 물을 적게 주어도 땅이 비옥해 빨리 싹이 튼다.

닐에게 뿌린 선교의 씨앗이 싹트는 데 좀 더 시간이 걸렸으나 하나님께서 우리의 첫 번째 의료 선교팀을 위해 계획하신 시간에서 단 하루도 늦지 않았다. 닐은 성령의 부르심을 거부할 수 없는 지점에 이르렀다. 그는 나를 찾아와 의료 선교에 헌신할 준비가 되었다고 말했다. 나는 "할렐루야"를 외쳤다!

더그와 달라 밀라 부부는 교회가 돕는 선교사인데, 최근에 멕시코 중부의 외딴 마야 마을에서 사역을 시작했다. 나무 막대기에 짚으로 지붕을 얹은 작은 집들은 수도도 전기도 없었다. 이곳이 우리 교회 의료 선교팀의 첫 사역지가 될 곳이었다.

짧은 시간에 하나님께서 네 명의 의사와 두 명의 간호사와 의사 보조원과 공중위생 교육자와 치위생사 각 한 명씩과 목사님과 지질학자로 팀을 꾸려주셨다. 의료 선교팀에 지질학자가 어울리지 않는다고 생각하는가? 포레스트는 사실 의료 쪽 빼고는 모든 분야에서 기둥이 되었다! 팀은 완벽했다. 모든 팀에는 이런 기둥이 필요하다.

치위생사인 제니퍼에게는 첫 선교 여행이었다. 그녀는 머틀 비치에 자리한 교회와 멀지 않은 한 교회에 출석하면서 '걸즈 인 액션'(GA, 소녀들을 위한 선교 훈련 단체)과 '액틴스'(Acteens, 12~17세 소녀들을 위한 선교 단체) 회원으로 자랐다. 그녀는 GA 회원일 때 선교 캠프인 '캠프 라 비다'(Camp La vida)에서 선교에 대한 하나님의 부르심을 들었다.

GA 회원으로서 선교에 대한 하나님의 부르심에 답했고, 멕시코로 떠난 첫 선교 여행을 비롯해 매년 선교 여행에 참여했다. 제니퍼가 하나님께 "예"라고 답했을 때, 자신이 그때껏 스케일링(scaling, 치아 표면의 치석 제거)해본 중에 가장 시커먼 치아를 진주 빛으로 바꿔놓을 때 천정에서 독거미를 보게 될 거라고는 생각지 못했다.

그녀는 선교 교육을 받으면서 하나님께서 자신을 어디로 데려가시든지 어떤 환경에 처하든지 하나님께 "예"라고 대답하겠다는 마음을 가졌다. 그래서 매일 예수님을 위해 6~8시간씩 스케일링했다.

의사인 짐도 첫 선교 여행이었다. 그는 선교팀의 연장자이자 유일한 가정 의원 개업의였기에 우리는 매일 일어나는 의료 문제를 그의 전문지식에 의존했다. 진료소를 가장 먼저 찾아온 환자들 가운데 삼십 대 여성이 있었다.

그녀는 몸짓 언어로 큰 슬픔을 말했다. 두 명의 통역을 거쳐서 그녀가 4년간 출혈 증세를 앓아온 이야기를 들을 수 있었다. 그녀는 눈물을 흘리면서 남편이 자신을 내치고, 아이들도 자신을 존중하지 않는다고 했다. 몸이 약해서 마을 여자들이 하는 일을 하지 못해서 마을에서도 쓸모없는 사람이라고 했다.

나는 웅크린 그녀의 어깨를 꼭 안아주면서 하나님께서 모든 걸 아시며 그녀를 내치지 않으신다고 말해주었다. 하나님께서 그녀를 사랑하셔서 우리를 그곳에 보내어 그녀에게 하나님과 그분의 아들에 관해 들려주고, 그녀를 조금이나마 돕게 하셨다. 그녀는 신체적으로 우리가 줄 수 있는 것보다 더 많은 보살핌이 필요했다. 그녀의 출혈 증세를 완전히 치료하려면 수술을 해야 했으나 우리는 그곳에서 수술을 할 수가 없었다.

나는 그녀를 짐에게 데려갔다. 그녀의 이야기를 듣고 증세에 대해 좀 더 얘기를 나눈 후, 그는 출혈 증세를 완화해주고 몸이 덜 아프게 해줄 약을 주겠다고 했다. 그리고 12년 동안 출혈 증세로 고통당한, 가족과 마을 사람들에게 배척당하고 그녀처럼 기적 같은 치유를 얻고 싶어 사람들을 헤집고 나아가 예수님의 옷자락을 만진 여인의 이야기를 들려주었다.

짐은 복음전도용 그림 큐브를 이용해 영어에서 스페인어로, 스페인어에서 다시 마야어로 여러 차례의 통역을 거쳐 예수님의 복음을 전했다. 그녀는 그에게 "저도 선생님의 예수님을 알고 싶어요"라고 했다. 그는 의료 선교를 통해 예수님을 전할 기회를 얻어 매우 기뻤다.

그 주에 나는 하나님께서 의료 기술을 전하는 선교팀에 지나지 않던 우리 팀을 선교의 열정으로 가득찬 팀으로 바꾸시는 걸 목격했다. 그들은 기회가 있을 때마다 길을 잃고 상처받은 그곳의 사람들에게 예수님을 전했다. 우리는 한 팀이 되었고, 하나님께서 우리를 선교에 깊이 헌신된 삶으로 인도하시도록 내어맡겼다.

하나님을 기다리는 일이 황량한 풍경일 필요는 없다. 그분의 때가 되었을 때 모든 게 제 자리에 있도록 모든 조각을 한 데 맞추는, 필요한 기술과 물품과 사람이 제 자리를 찾게 하는 시간일 수 있다.

12

기다리는 동안 치르는 전투

전투와
전쟁

성경은 이긴 전투와 진 전투 이야기, 전쟁 이야기, 나라들이 정복당한 이야기를 들려준다. 역사 연대표는 민족들과 나라들이 전쟁을 벌인 연대로 가득하다. 모든 세대가 저녁 식탁에서 부모와 조부모에게 전쟁 이야기를 들었다. 우리 가족 3대가 저녁 식탁에 둘러앉았을 때, 나는 할아버지가 제1차 세계대전 때 프랑스에서 보병으로 복무한 이야기와 아버지가 제2차 세계 대전 때 태평양에서 해병대로 복무한 이야기를 들었다.

대체로 이분들의 대화는 어느 전쟁이 '대전'(大戰)이었느냐는 논

의로 끝났다. 이분들의 이야기는 서로 죽이 맞았고, 거기에 격렬한 전투에서 기적적으로 살아남았다는 생각이 덧붙여졌다. 할아버지는 정찰 임무를 수행하다 중상을 입었고, 결국 다리 하나를 잃었다. 아버지는 해병대 1사단이 오키나와에 상륙할 때 위생병이었는데, 적의 기관총이 불을 뿜고 주변에서 전우들이 쓰러지는 가운데서 살아남았다.

모든 가정의 전쟁 이야기는 용사가 집으로 돌아오길 기다리는 장(章)을 포함한다. 이 기다림에서 한 여인의 얼굴이 크게 그려진다. 그녀는 남편이나 아들이나 약혼자가 돌아오길 기다린다. 전쟁이 일어나면 육군, 해군, 공군, 해병대 군인들을 사랑하는 사람들이 기다림의 풍경에 들어간다. 주 예수를 따르는 이들은 시편 기자처럼 말할 수 있다.

주님은 우리의 구원자이시요,

우리의 방패이시니,

우리가 주님을 기다립니다.

우리가 그 거룩한 이름을 의지하기에

우리 마음이 그분 때문에 기쁩니다.

시 33:20,21, 새번역

인내와 믿음으로
싸우다

이블리스는 전쟁 중의 기다림이라는 풍경에 익숙한 여자다. 1969년, 그녀의 약혼자 테디는 베트남 정글에 파병되어 1년간 보병으로 복무했다. 테디가 돌아오길 기다리는 시간이 시작되었을 때, 이블리스는 하나님에게서 그가 안전하게 돌아오리라는 약속을 들었다. 그녀는 오랫동안 이 약속의 말씀을 붙잡았고, 매일 밤 "주님, 그를 안전하게 지켜주시고 집으로 돌려 보내주세요"라고 기도했다.

약혼자를 깊이 사랑했기에 전쟁으로 서로 떨어져 있는 1년을 "진정한 믿음의 시험"이라고 말했다. 하루하루가 힘들고 달력도 더디게만 넘어갈 때 이블리스는 하나님을 믿는 자신의 믿음이 새로운 깊이를 더하는 것을 발견했다. 그리스도를 믿는 흔들리지 않는 믿음이 일어나 그녀의 기다림을 지키고 이끌어주었다.

그 시절은 지금처럼 기술이 발달하지 않아 군인들이 전자우편으로 자주 소식을 전할 수도 없었고, 인터넷 영상 통화를 통해 사랑하는 사람들의 얼굴을 볼 수도 없었다. 그래서 테디가 12개월간 베트남에서 복무하는 동안에 그들은 순전히 손으로 쓴 편지로 소식을 주고받았다.

그녀가 기다린 지 10개월이 되었을 때, 더는 테디의 목소리를 떠올릴 수 없다고 생각했을 때가 찾아왔다. 그렇게 긴 두 달을 더 보내면서 이블리스는 테디의 목소리와 억양을 기억해내려고 애썼다. 테디가 집에 돌아온 날, 그의 목소리를 곧바로 알아차린 것은 그녀의 믿음에 대한 하나님의 응답이었다.

이블리스는 부모님이 본을 보이신 강한 믿음이 자신이 기다리는 동안 믿음이 깊어지도록 돕는 기초가 되었다고 말한다. 그녀는 부모님이 여덟 자녀를 입히고 먹이며 교육하면서 믿음의 시험을 받는 모습을 숱하게 보았다. 하지만 이들은 삶에서 겪는 시험 때문에 믿음이 약해지는 법이 없었고, 오히려 믿음이 강해졌으며, 그녀의 아버지가 이따금 "선하신 주님이 이들을 절대 실망시키지 않으셨다"라고 말했듯이 그들의 경우도 다르지 않았다.

테디가 5년 전에 식도암 진단을 받았을 때, 이블리스는 또다시 기다림의 풍경에 던져졌다. 그러나 두 사람은 함께 잘 헤쳐 나갔다. 이것은 새로운 전쟁이 되고, 이들은 보이지 않지만 끈질긴 적과 숱한 전투를 치르게 되었다. 테디는 식도암 진단을 받고 수술을 했으며 화학 치료도 여러 차례 받았다.

그 후 몇 년 동안 우리가 나눈 모든 대화에서 이블리스는 자신들을 실망시키지 않을 선하신 주님을 굳게 믿는 믿음을 보여주었다. 의사가 수술 전에 이블리스에게 무슨 말을 하려고 다가왔을 때, 그녀는 의사의 두 손을 꼭 잡고 하나님께서 그의 손에 복을 주시길 기도했다. 의사가 깜짝 놀라며 "지금껏 아무도 이렇게 하지 않았어요"라고 말했다.

테디가 13시간에 걸쳐 대수술을 받는 동안, 이블리스는 다 자란 네 자녀와 함께 대기실에서 기다렸다. 수술하는 내내 그녀 또한 믿음에 굳게 서서 조용히 기도하며 서서 기다렸다. 그녀가 또다시 믿음으로 기다릴 때 하나님께서는 테디를 아주 위험하고 죽음이 어렴풋이 보이는 곳에서 건져 그녀에게 돌려주셨다.

건강을 위한 이들의 싸움은 아직 끝나지 않았다. 암과 맞서 벌이는 전쟁은 진행 중이다. 테디는 거의 5년 동안 암 없이 살았는데 이후에 전이성 종양이 발견되었다. 화학 치료를 계속한 결과 종양은 줄어들었고, 그들의 인생 이야기를 몇 장 더 쓸 수 있게 되었다. 매순간 하나님의 임재를 믿기에 사망의 음침한 골짜기에서도, 이 기다림의 풍경을 지나면서도 기쁘게 삶의 여정을 계속할 수 있다.

주님께서 내 탄원을 들어주셨다.
주님께서 내 기도를 받아주셨다.

시 6:9, 새번역

이블리스는 하나님의 약속이 이뤄지길 기다릴 때 그분이 참으로 우리의 탄원을 들으시고, 기도를 받아주신다는 것을 믿고 이 구절을 살아냈다.

당신은 집 앞에서 전쟁에 나간 사람을 기다리는 여자이거나 남자일지 모른다. 또는 미사일이나 포탄이 아니라 질병과 수술과 치료로 찢긴 기다림의 풍경을 지나고 있을지 모른다. 하지만 힘을 내라! 우리 주님께서 자비를 구하는 당신의 외침을 들으시고, 모든 전투를 위한 당신의 기도를 받으신다.

시편 121편 4절은 우리에게 "이스라엘을 지키시는 분은, 졸지도 않으시고, 주무시지도 않으신다"라는 사실을 일깨운다. 전능하신 주 하나님께서는 낮이든 밤이든 늘 깨어 있어 당신이 드리는 모든 기도를 들으신다.

하나님께 자비를 구하고 기도할 때, 다윗이 시편에서 했던 말을 기다림이라는 전투를 위한 거룩한 조언으로 삼아라.

너는 주님을 기다려라.
강하고 담대하게 주님을 기다려라.

시 27:14, 새번역

《메시지》는 이 구절을 풀어쓰면서 우리에게 기다림뿐 아니라 기다림 가운데 '머묾'이라는 개념을 제시한다.

하나님 곁에 머물러라!

용기를 내어라. 포기하지 마라.

거듭 말하노니, 하나님 곁에 머물러라.

하나님을 기다리는 기쁨이란 그분과 함께 기다린다는 실제다. 그분은 그저 멀리 하늘 보좌에서 우리를 지켜보지 않는다. 예수님을 따르는 우리 안에 거하시는 성령을 통해 우리와 함께 계신다. 우리는 하나님께 들은 약속이 이뤄지길 기다리는 동안에 그분의 임재를 감지하고 느낄 수 있다.

전투 중에
누리는 평안

나나와 스와미 부부는 질병으로 얼룩진 기다림의 풍경을 헤쳐 나가면서 하나님의 신실함을 발견했고, 그분의 약속이 신뢰할 만하다는 것을 확인했다. 크론병(만성 염증성 장 질환)은 오랫동안 남편 스와미에게 고통스런 문제였지만, 그는 이 병을 잘 관리하고 있었다. 이따금 증세가 악화되었지만 곧 회복되었다.

2001년에 증세가 다시 심해졌을 때, 이들은 크론병 증세의 일부일 거라고 생각했다. 그런데 검사해보니 암이었다. 이들의 세상은 기울어졌다. 신앙이 깊은 니나는 곧 교회에 가서 남편을 위해 기도했다. 무릎을 꿇고, 하나님 앞에서 마음을 쏟아내면서 약속의 말씀을 구했다. 그녀가 눈물이 가득한 눈으로 성경을 펴서 읽는데, 하나님께서 그녀를 시편 27편에 나오는 한 약속으로 이끄셨다.

> 이 세상에 머무는 내 한 생애에,
> 내가 주님의 은덕을 입을 것을 나는 확실히 믿는다.
>
> 시 27:13, 새번역

그들은 산 자들의 땅에서 하나님의 선하심을 찾기 위해 이 약속의 말씀을 붙잡고 기다림의 풍경을 함께 자신 있게 헤쳐 나갔다. 스와미는 수술을 받기 전 몇 주 동안 화학 치료와 방사선 치료를 받았다. 이 기간에 니나는 가정과 직장에서 더 많은 책임을 맡았다. 그런데도 그녀는 말씀 안에 거했고, 성경의 여인들에 초점을 맞춘 성경 공부반에 참여했다. 성령의 인도로 니나는 하나님께 물었다.

"제가 누구입니까? 이 여인들 중에 저와 관련된 사람은 누구입니까?"

하나님께서는 '브리스길라'라고 하셨다. 브리스길라와 그녀의 남편 아굴라는 사도 바울과 같은 시대의 사람이었다. 바울은 이들을 가리켜 "그리스도 예수 안에서 나의 동역자들"(롬 16:3)이라고 했다. 이것은 니나가 바라던 방향이 아니었다. 대부분의 경우에 브리스길라가 아굴라보다 이름이 먼저 나온다.

니나는 결혼생활에서 리더가 되고 싶지 않았기에 하나님께서 자신에게 더 많이 보여주시길 기다렸다. 하나님께서는 니나에게 그들의 삶에서 이번 계절에 그녀가 더 많은 책임을 맡아야 할 테지만 영원히 그렇지는 않을 거라고 하셨다. 성경을 좀 더 살펴보면 알 수 있듯이 성경에서 두 사람이 처음 등장할 때, 아굴라가 브리스길라 앞에 나온다. 그리고 고린도전서에서 아굴라가 다시 먼저 나오는데, 이때는 교회가 이들의 집에서 모이기 시작한 후였다.

니나는 브리스길라와 아굴라의 예를 하나님께서 남편을 자신들의 가정과 사업체에서 다시 리더로 회복해주시겠다는 두 번째 약속으로 여겼다. 하나님께서 주신 강력한 두 개의 약속이 이들에게 기다릴 힘을 주었다. 새로운 도전이나 좌절과 맞닥뜨릴 때마다 그녀는 두 약속에서 힘을 얻고 주님께 그분이 주신 약속을 상기시켜드렸다.

"주님, 주님이 말씀하셨잖아요!"

세 번째 약속은 이들의 아들인 카일을 통해 왔다. 아버지가 암 치료를 받을 때 그는 십 대였다. 대부분이 그렇듯이 그도 이미 어머니의 기도의 중앙에 자리했다. 니나는 주님의 성령이 카일에게 임하고, 그가 요엘서에서 말하는 꿈을 통해 하나님께서 하시는 말씀을 듣게 해달라고 줄곧 기도했다.

그 후에 내가 내 영을 만민에게 부어주리니
너희 자녀들이 장래 일을 말할 것이며
너희 늙은이는 꿈을 꾸며
너희 젊은이는 이상을 볼 것이며

욜 2:28

하나님께서는 꿈에서 세 번째 약속을 카일에게 주셨다. 그는 꿈에서 오래되어 수리가 필요한 수영장을 보았다. 그런데 꿈에서 그 수영장에 깨끗하고 맑은 물이 가득했다. 아버지가 그 한가운데 서 있고, 가족의 친구가 아버지에게 수영을 가르치고 있었다. 니나는 내게 자신의 남편은 수영을 할 줄 모르며 아이들이 어렸을 때 수영장에 들어가 함께 놀아주었을 뿐이었다고 말했다. 니나와 카일과 스와미가 약속된 치유를 기다리는 동안 새로움과 생명에 관한 이 아름다운 꿈이 이들에게 복이 되었고 힘을 주었다.

이생에서 약속된 치유를 기다리는 모든 여정이 완벽한 치유로 끝나지는 않는다. 내 친구인 셰리나 에드나 팻처럼 더러는 천국 문으로 들어가 위대한 의사의 인사를 받을 때 자신이 나은 것을 알게 된다. 모든 여정이 집으로 돌아가 일상생활을 재개하고 다시는 방해받지 않는 해피엔딩으로 끝나지는 않는다. 이블리스와 테디는 계속 암과 싸운다. 스와미가 장 폐쇄증이 발병하고 뒤이어 쓸개가 파열되었을 때 훨씬 더 황폐한 풍경에 던져졌다.

의사들은 한때 낙관적이었으나 상황이 심각해지자 표정이 굳어졌다. 니나는 남편의 생명을 구해보려고 수술을 준비하는 의사들을 위해 기도하면서 또다시 마음이 아팠다. 그들은 그녀에게 최악의 경우를 준비하라고 했다. 이전의 화학 치료와 방사선 치료의 영향으로 조직이 아주 약해져 있었기에 수술이 성공하리라는 희망이 희박했다. 하지만 그녀는 하나님께서 곧 가장을 회복시켜주시겠다는 약속을 그분께 담대하게 상기시켰다.

이때 성령께서 니나에게 임하셨고, 그들의 모든 삶을 하나님의 뜻에 완전히 맡기라고 요구하셨다. 그녀는 자신의 뜻을 하나님의 뜻에 복종시키고, 남편을 하나님의 손에 맡긴 채 기도했다.

"하나님, 당신께서 남편을 위한 준비가 되었다면 저도 준비되었습니다."

이때 니나는 믿음의 위기에 직면했다. 그녀는 남편이 그녀의 곁이 아니라 천국에 가서 예수님 곁에서 치유된 자신을 보는 게 하나님의 뜻일 수도 있다는 가능성을 배제하지 않았다. 그녀는 용기를 내어 하나님께서 완벽한 때에 그분의 완벽한 뜻을 따라 남편을 치료하시길 기다렸다. 하나님께서는 수술이 성공해서 약해진 그의 조직이 필요한 봉합을 견뎌내게 하심으로써 그를 치유하기로 선택하셨다. 약속은 성취되었고, 그들은 지금 예수 그리스도의 주권에 완전히 복종했다는 기쁨 가운데 살고 있다.

우리의 삶에 정서적, 육체적 전쟁의 상처가 없길 바란다. 암이나 심장병을 비롯해 생명을 위협하는 상황과 싸우지 않길 바란다. 그러나 이 땅의 전선(戰線)에서는 숱한 전투가 벌어진다. 하나님께서는 이러한 전투의 불길 속에서 우리를 단련하신다. 니나와 이블리스의 경우에 치유를 기다리는 동안, 남편을 향한 사랑이 더 커졌고, 주 하나님을 향한 사랑도 더욱 깊어졌다.

—

당신의 영혼이 쉼을 얻는다는 말은 최종 목적지에 이른다는

뜻이 아니다. 여정에서 영혼이 쉼을 얻는다는 뜻이다.

우리는 하나님의 완벽한 타이밍을 기다리면서

영혼이 쉼을 얻는 아름다운 시간들을 경험했다.

기다림이라는 현실을 대면하면서 하나님께서

미래에 우리를 위해 준비해두신 게 무엇일지 꿈꾸었다.

Part 4

기다림 뒤에
새로움이 온다

13

새로운 희망의 자리

거룩한
약속

구약과 신약의 성경시대에서 우물은 집안과 도시와 국가의 재산이었다. 사람들과 가축에게 생명을 주는 물의 근원이었다. 동네 사람들이 만나는 장소였고, 그곳을 지나는 여행자들이 쉬어가는 곳이었다. 성경에서 우물과 관련된 이야기를 훑어보면 하나님의 손이 함께한 사람들의 중요한 기다림을 볼 수 있다. 우물가에서 하나님을 만나는 거룩한 약속을 볼 수 있다.

아브라함의 종은 이삭의 신붓감을 찾으러 아브라함의 고향으로 떠나 한 우물가에서 기다리다가 목적을 이루었다. 애굽의 바로를 피해 도망친 모세는 어느 우물가에서 아리따운 처녀를 구해주었고, 그 처녀는 곧 그의 아내가 되었다.

더는 물이 나지 않는 우물은 사람을 가둬 서서히 죽이는 수단으로 이용되었다. 형들이 악의를 품고 요셉을 마른 우물에 던졌을 때 그의 인생이 바뀌었다. 그러나 하나님께서는 형들의 악이 도리어 그에게 선이 되게 하셨고, 그를 우물에서 건져내어 믿기 어려운 믿음의 여정을 밟아 먼 땅에서 섬기게 하셨다. 예레미야도 우물에 갇혀 기다렸으나 구조되어 하나님을 계속 섬긴 하나님의 사람이었다.

창세기 16장에 성경에서 학대받는 최초의 여인인 하갈이 나온다. 하갈은 술로 가는 광야 길에 자리한 어느 우물가에 앉아 있다. 하갈은 애굽 여자로 사라와 아브라함의 종이다. 사라는 여종 하갈에게 남편 아브라함의 첩이 되라고 했다. 하갈을 통해 자녀를 낳고 대(代)를 이어 하나님의 약속을 자기 방식으로 성취하기 위해서였다. 이러한 잘못된 계획 때문에 아브라함의 집에 다툼이 일어났다. 임신한 하갈이 사라의 학대를 피해 도망쳤다가 어느 우물가에 이르렀을 때 그녀의 인생이 바뀐다.

왜 하갈이 우물가에서 기다렸는지 궁금했던 적이 있는가? 하갈은 작은 보따리만 겨우 챙겨 사라에게서 도망친 후 자신이 우물물을 긷도록 도와줄 사람을 기다리고 있었을까? 자신과 함께 동행

할, 자신의 고향 애굽으로 향하는 다른 사람을 기다리고 있었을까? 어쩌면 배 속의 아기 때문에 몸이 무거워 한 발자국도 더 움직일 수 없었던 건 아닐까? 또는 그곳이 원기를 북돋우는 물뿐 아니라 자신의 미래를 위한 새로운 희망이 있는 자리라는 설명할 수 없는 느낌을 받은 건 아닐까?

하갈이 우물가에서 기다릴 때 여호와의 사자가 나타났다. 여호와의 사자가 하갈에게 몇 가지 질문을 하는 것으로 대화가 시작됐다. 물론 그는 하갈의 대답을 이미 다 알았다. 그뿐 아니라 하갈이 어떻게 해서 우물에 오게 되었고, 배 속의 아기 때문에 어떤 두려움을 느끼는지도 다 알았다. 그는 곧바로 문제의 핵심으로 들어가 그녀에게 구체적인 지시와 함께 약속을 준다. 그러자 하갈에게 극적인 변화가 일어났다.

그녀는 그 천사를 하나님으로 여긴다. 하갈은 하나님에게 이름을 붙인 최초의 인물이다. 엘로이, "나를 살피시는 하나님"이라고 이름을 지어서 불렀다. 하갈은 하나님께서 자신을 살피신다는 사실을 이렇게 표현한다.

하갈이 자기에게 이르신 여호와의 이름을
나를 살피시는 하나님이라 하였으니
이는 내가 어떻게 여기서

나를 살피시는 하나님을 뵈었는고 함이라

창 16:13

하갈은 "내가 여기에서 나를
보시는 하나님을 뵙고도, 이렇게 살아서,
겪은 일을 말할 수 있다니!" 하면서,
자기에게 말씀하신 주님을
"보시는 하나님"이라고 이름지어서 불렀다.

새번역

새로운 믿음으로 하갈은 아브라함과 사라에게 돌아갔다.

사마리아 우물가에서
기다리다

여호와의 사자는 술로 가는 길에 있는 고대 우물을 찾아왔다.
하나님의 아들은 사마리아를 지나는 길에 있는 야곱의 우물을 찾
아오셨다. 요한복음 4장에서 말하듯이 이 1세기에 생긴 우물에서,
엘로이 곧 "살피시는 하나님"의 눈이 학대받는 또 다른 여인인 사

마리아 여인에게 집중된다.

그 여인은 분명히 마을 여자들이 그날 필요한 물을 다 긷고 돌아간 후에야 우물가에 나왔을 것이다. 여인은 여러 차례 남편을 바꿨고, 당시에도 죄 가운데 살고 있다는 이유로 조롱의 눈길을 보내는 이웃들을 피해 늦은 시간에 나왔을 것이다.

우리는 왜 이 여인이 바른 삶을 버리고 음란한 관계에 빠져 사는지 알지 못한다. 우리가 아는 사실은 여인이 날마다 물 긷는 일과 삶에서 잘못된 선택이 낳은 수치를 안고 살아가는데도 지쳤다는 것이다. 예수님은 물에 초점을 맞춰 대화를 시작해 여인이 살아가는 삶의 실체로 옮겨가시며, 대화의 주제를 바꾸려는 여인의 시도에 대응하시고, 그런 후에 갑작스럽게 자신을 메시아로, 진정한 갈증을 해소할 생수의 근원으로 계시하신다.

그리스도인으로서 우리는 예수님을 만나는 거룩한 약속이 나오고, 생수에 관한 진리의 선언이 나오며, 소외된 자들과 버려진 자들이 희망을 얻는 이 이야기에 절대 질리지 않는다. 장애물을 뛰어넘어 영원한 생명을 주는 복음의 메시지를 예수님이 보시는 지극히 작은 자들과 나누어야겠다는 도전을 받는다. 하나님과 수치가 만날 때마다 변화가 일어난다.

살피시는 하나님을 만난 두 사건의 공통점을 살펴보라. 두 여인 모두 끝도 희망도 없어 보이는 기다림의 풍경 가운데 있었다.

그들은 자신의 삶에서 수치와 좌절이 가득한 상황에 처해 있었다. 모두 길을 선택했다. 하나는 달아나는 길을, 하나는 매일 가는 길, 하루하루 골이 깊어지는 길을 선택했다. 기다림의 풍경을 지나는 두 여인의 여정은 우물에서 끝났다.

둘 다 질문을 받았으나 우물가에 나타난 주님은 이들이 삶에서 처한 상황을 이미 속속들이 알고 계셨다. 다른 사람들이 자신의 삶을 규정하고 학대하게 내버려두었던 두 여인은 그들을 구해내어 희망을 주실 수 있는 유일한 분과 대면하게 되었다. 그들은 그날의 필요를 채울 물을 얻으러 우물가에 나왔으며 사람들의 눈에 띄지 않길 바랐다. 두 여인 모두 그들에게 주목하시는 주님의 눈을 보았고, 남은 생애를 위한 약속을 보았다.

그리스도인이라면 길을 가다가 기다림의 우물가에서 멈추지 않을 수 없다. 요한은 예수님이 사마리아를 거쳐 가셔야 했다고 말한다. 요한은 지나고 나서야 크게 깨달았다! 예수님과 함께 갈릴리로 돌아가는 길에 요한은 예수님이 사마리아를 경유하는 종교적 장애물을 넘는 길을 선택하셨을 때 그 이유를 알지 못했다.

그뿐 아니라 요한은 음식을 구하러 마을에 들어갔다가 돌아와 예수님이 사회적 장벽을 허물고 한 여인과 대화하는 모습을 보았을 때도 그 이유를 알지 못했다. 요한은 예수님이 육체적 장애물을 넘어 더는 배고프지 않지만 "나의 양식은 나를 보내신 이의 뜻을 행하며 그의 일을 온전히 이루는 이것이니라"(요 4:34)라고 하실 때도 깨닫지 못했다. 이 말씀은 이런 질문을 하게 한다.

"나의 양식은 내가 그분의 나라의 일을 하라고 나를 보내시는 분의 뜻을 지속적으로 하는 것입니까?"

사랑받는 제자인 요한이 예수님의 사랑이 우물가의 여인에게 확대되는 것을 보았을 때 그에게 이런 질문이 일었을 것이다.

예수님이 말씀하시는 지속성은 하나님의 뜻을 행하려고 하나님의 뜻 안에 있는 데서 비롯되는 '영적 지속성'이다. 제자들처럼 우리도 때로는 이해하지 못한다. 그리스도인이라면 예수님처럼 되어 하나님께서 하라고 하시는 일을 하고 그분이 인도하시는 곳으로 가야 한다는 걸 이해하지 못한다.

예수님을 위해 산다는 말이 타인들과 어울리지 않고 자신이 쳐둔 종교와 사회의 울타리 안에 머물며 안전한 교회 안에 남아 괜찮은 신자들하고만 어울리는 것이라면 그분을 위해 살기가 쉬울 것이다. 예수님이 영적 양식을 기뻐하셨고, 종교와 사회가 쳐둔 장애물을 뛰어넘어 아버지의 뜻을 행하길 기뻐하셨기에 그리스도인으로서 우리도 이런 장애물을 뛰어넘어 양식을 베풀 때 큰 기쁨을 발견할 것이다. 이 기쁨을 발견하려면 이따금씩 사마리아를 경유해야 한다.

사마리아를
경유하다

사마리아는 가기에 무섭고 힘든 곳을 상징한다. 당신이 아픈 과거, 은밀한 두려움, 개인적 편견에 붙잡혀 예수님처럼 "나는 사마리아를 경유해야 해"라고 말하지 못하게 하는 곳이다. 이 기다림의 어두운 풍경에 누군가 자신을 발견하고 알아주며 자신에게 생수를 건네줄 사람을 기다리며 앉아 있는 우물이 있다.

알코올이나 마약 중독자들에게 중독을 벗어나 그리스도를 의지하는 길을 보여주는 일이 아닐까? 자녀가 죽어 슬픔에 잠긴 부모를 보살피고, 찢긴 마음에 그리스도의 위로를 전하는 일도, 당신이나 당신이 사랑하는 사람이 갇혔던 교도소의 잠긴 문과 철창 속으로 들어가 예수님의 이름으로 영적 자유를 전하는 일도 우물에서 해야 하는 일일 것이다. 전에 당신이 겪었거나 지금 당신의 딸이 겪고 있듯이 '인간 착취'라는 복잡한 거미줄에 사로잡힌 여자들과 소녀들과 소년들을 구해내고, 당신이 직접 겪은 전쟁의 아픈 기억을 통해 지금 전쟁터에서 돌아오는 상이군인들을 돕는 일 역시 우물에서 해야 하는 일이다.

하나님께서는 당신의 아픔을 허비하지 않으신다. 그분의 영광을 위해 당신의 아픔을 사용하길 원하신다!

우리 부부는 오스왈드 챔버스의 《주님은 나의 최고봉》을 묵상 안내서로 삼았다. 다음은 우리가 좋아하는 대목 가운데 하나다.

"때로 하나님께서는 그분에게 주목하도록 가르치려고 우리로 하여금 어둠을 통과하는 훈련을 시키신다. 노래하는 새들은 어둠 속에서 노래하는 법을 배우며, 우리가 그분의 음성을 듣는 법을 배울 때까지 하나님께서는 우리를 그분의 손 그림자 안에 두신다. … 어디서 하나님께서 당신을 어둠 속에 두시고, 언제 그곳에서 당신의 입이 줄곧 닫히는지 주목하라. 당신은 바로 지금 자신의 환경에서, 또는 하나님과 함께하는 당신의 삶에서 어둠 가운데 있는가? 그렇다면 침묵하라. … 당신이 어둠 속에 있다면, 귀를 기울여라. 그러면 하나님께서 당신이 빛 가운데로 나갈 때 다른 누군가에게 전해줄 아주 귀한 메시지를 당신에게 주실 것이다."

당신은 자신의 밝은 자리에서 어두운 기다림의 자리로, 어떤 귀한 희망의 메시지를 가져가겠는가? 남편과 나는 늘 충만한 하나님의 은혜로 뉴햄프셔의 바위투성이 해안선에서 사우스캐롤라이나의 모래 해변으로 성공적으로 이식(移植)되었다. 어린 묘목을 옮겨 심는 건 간단하다. 토양이 비옥하고 일조량과 강수량만 적절하면 나무는 쑥쑥 자라 강해진다.

나와
나의 사마리아 우물

앞 장에서 남편이 지역 노숙자 쉼터에서 봉사하고 알코올이나 마약 중독자 회복 프로그램에서 여러 그룹을 인도한다고 했다. 우리가 이곳에서 섬기는 이야기는 한 장(章)이 더 있다. 우리가 그곳을 처음 방문했던 밤에 나는 씻지 않고 건강하지 못한 사람들과 섞이며, 그곳에 있는 약물이나 알코올 중독자들과 인사를 나누면서 조금 불편했다.

남편이 집으로 돌아오는 차에서 "이곳이 우리가 섬겨야 할 곳이에요"라고 했을 때, 나는 "난 아니에요"라는 말이 거의 목구멍까지 나왔다가 들어갔다. 하나님의 평화와 그분의 뜻이 웃음 짓는 남편의 큰 얼굴에 가득 맴돌았다. 나는 평화를 느끼지 못했고, 전혀 웃지도 않았다.

알코올 중독과 약물 중독으로 피폐해진 사람들을 보는 고통을 다시 맛보고 싶지 않았다. 그래도 내 반응을 조심스럽게 숨기면서 한 달에 이틀 밤을 남편과 함께 선교를 위해 자원하겠다는 데 동의했다.

남편은 진심으로 그곳에서 만나는 사람들을 사랑하고, 맑은 정신으로 돌아와 그 상태를 유지하는 데까지 나아가는 영적 여정을 돕는 프로그램에서 함께하는 사람들 하나하나를 기뻐하는 게 분명했다. 하나님께서는 이 사역을 통해 이들의 삶에서 일하고 계셨을 뿐 아니라 내게도 일하고 계셨다. 그리스도께서 그곳 사람들 하나하나에게 부으시는 사랑이 내 가슴에도 부어졌다. 현대의 사마리아 우물가에 있는 사람들을 섬기면서 평안을 느끼기 시작한 것이다.

드디어 내게 이렇게 묻는 고요한 목소리가 들렸다.

'여자들은 어떠냐?'

나는 이 물음이 나를 어디로 이끌지 두려워 망설이며 남편에게 여자들을 위한 것으로는 무엇이 있느냐고 물었다. 그는 "아직은 아무것도 없어요"라고 대답했다. 일주일 후, 프로그램 책임자가 전화를 걸어서는 그냥 나를 알고 싶다며 잠시 들러달라고 했다. 나는 그녀의 초대에 무슨 의도가 있을지 모른다는 생각에 조금은 경계했다.

그녀는 여자들을 위한 성경 공부반을 열어 그들이 맑고 깨끗한 정신으로 돌아올 뿐 아니라 경건한 사람이 되도록 돕고 싶다고 했다. 나는 조심스럽게 대화에 끼어들어 여자들에게 그렇게 해주고 싶다면 그들을 가르칠 여자가 필요하다고 했다. 그러면서 성경에 나오는 여자들을 공부하면 어떨지 생각해보라고 했다. 내가 이 일을 할 사람이 있도록 그녀와 함께 기도하겠다고 했을 때 그녀가 재미있다는 듯 미소를 지었다.

당신이 이미 짐작했듯이 하나님께서는 내 양식이 내 사마리아에서 하나님의 뜻을 행하는 것임을 깨닫게 하셨다. 여자들을 위한 성경 공부반이 열리고, 우리는 매주 성경의 여인들을 집중해서 공부했다. 그 후 6년 동안, 나는 하나님의 거룩한 말씀이 마약과 술에 빠져 살던 무수한 여자들을 파고들었을 때, 이들이 하나님의 자녀가 되고 경건한 삶을 시작하는 걸 보았다.

나는 하나님의 뜻 안에 있으면서 그분의 뜻을 행하는 기쁨을 경험했다. 우리가 마침내 예수님을 따라 "나는 사마리아를 경유해야 해"라고 말할 때 하나님께서 우리를 바꿔놓으신다.

14

기다릴 때 만나는 교차로

교차로를
만날 때

우리는 기다림의 풍경을 지나면서 길을 따라 우물뿐 아니라 무수한 교차로도 만난다. 교차로에 다가가면서 우리는 하나님의 손이 직접 안내하는 표지판이 있길 바란다. 성령의 GPS가 우리의 길을 표시하고 경로를 콕 집어 제시해주길 기도한다.

약속된 목적지에 이르려면 어느 길을 선택해야 하는가? 교차로에서 직진하는 모험을 해야 하는가? 더 짧고 더 안전한 길이 나오길 바라며 좁은 순례자의 길로 좌회전을 해야 하는가? 막다른 길일 수도 있는 새 길을 따라 재빨리 우회전을 해야 하는가?

더 중요한 것은 "우리를 바른 길로 인도하는 하나님의 표지판을 어떻게 찾아야 하는가"이다. 성경은 이런 교차로 문제를 다룬다. 예레미야서 6장은 이렇게 말한다.

여호와께서 이와 같이 말씀하시되
너희는 길에 서서 보며
옛적 길 곧 선한 길이 어디인지 알아보고
그리로 가라 너희 심령이 평강을 얻으리라 하나
그들의 대답이 우리는 그리로 가지 않겠노라 하였으며

렘 6:16

하나님을 기다린다는 말은 진흙탕에 빠져 가만히 있는 게 아니라 약속을 향해 기다림의 풍경을 헤치고 앞으로 나아가는 것이다. 그러는 중에 우리는 결정을 내려야 하는 교차로를 만난다.

HGTV(Home & Garden Television) 방송 초기에는 출연하는 집의 인테리어를 다시 해주어 즉각적으로 집을 팔 수 있도록 해주었다. 부동산 중개업자는 우리에게 집을 잘 팔릴 수 있도록 몇 가지 조건을 제시했다. 카펫을 새로 깔고, 단기 융자를 얻으며, 마당에 부적을 묻으라고 권했다. 그대로 하면 집을 사겠다는 사람이 나설 것이고, 우리가 사려는 새 집도 안전하게 확보할 수 있을 거라고. 기다림에서 이런 결정의 교차로는 우리에게 기회를 주었다. 교차로에 서서 살피고, 하나님께 그분의 선한 옛길이 무엇인지 물으며, 그 길을 선택하는 기회 말이다.

우리를 위한 하나님의 길, '너희의 영혼이 쉼을 얻을' 길이 우리 앞에 곧게 펼쳐져 있었다. 좌회전해서 집에 카펫을 다시 깔거나 우회전해서 앞마당에 부적을 묻어 막다른 길을 가는 게 아니었다. 또 유턴을 해서 단기 융자(bridge loan)로 의심의 강을 건너는 것도 분명히 아니었다.

남편은 우리의 교차로가 단지 길을 선택하는 문제가 아니라 더 중요하게는 증언하는 문제라는 걸 깨달았다. 그는 중개인의 책상에 앉아서 우리가 하나님께 받은 약속에 대해 말했다. 그리고 그분이 우리를 뉴햄프셔에서 기다리게 하신다고 했으며, 모든 여정의 발걸음마다 인도하신 예수님을 전적으로 신뢰한다고 말했다.

부동산 중개인은 그런 말을 다른 고객들에게서는 들어본 적이 없었을 것이다. 처음에는 어떻게든 집을 팔고 남쪽으로 이사하겠다고 안달하던 우리가 집을 팔기 위해 필요한 일들을 하지 않겠다고 하니 의아했을 것이다. 중개인은 도무지 이해를 못하겠다는 표정을 지었고, 그것은 우리가 하나님의 때를 기다릴 때 다른 사람들에게서 보게 될 반응이었다.

우리는 하나님께서 우리를 위해 준비해두신, 기다림의 풍경을 지나는 신뢰와 순종의 옛길을 가기로 선택했다.

A. W. 토저는 이렇게 말했다.

"확고한 이유가 우리로 하여금 무엇이든 잘못된 것을 행하거나 가르치는 자들의 인도를 거부하게 만들기 때문만이 아니라 진리를 사랑하는 자들에게는 죽음이 위협하더라도 자신의 생명을 구하기에 앞서 옳은 것을 행하고 또 말하는 게 필수이기 때문이다."

우리는 확고한 이유와 하나님께서 우리를 기다리게 하셨다는 더 중요한 진리를 근거로 그분의 길을 선택했다. 육체적 죽음이 우리를 위협하지 않았다. 그러나 다른 길을 따른다면 기다리든 움직이든 온전히 그분의 뜻 안에 살라는 하나님의 부르심에 순종하지 않게 된다.

우리가 그랬듯이 기다림의 풍경에서 만나는 모든 교차로는 걸음을 멈추고 살피고, 평가하며, 결정을 내리게 한다. 머릿속에 교차로를 그려보라. 당신의 기다림이나 다른 사람의 기다림에서 황량하고 캄캄한 풍경에 교차로가 있다고 생각해보라. 그곳에 한 손으로 턱을 괴고 서 있고, 당신의 얼굴에 두려움이 번진다고 상상해보라.

당신은 길 하나하나를 하나님께서 요구하시는 길인지 살피지만 자신의 손 너머 또는 몇 발자국 너머에 무엇이 있는지는 볼 수 없다. 안개 같은 두려움이 내려앉아 그 길이 어디로 이어지는지 도무지 알 수가 없다.

코리 텐 붐(Corrie ten Boom)은 제2차 세계대전 때 유대인 강제 수용소에서 자신이 직접 경험한 기다림을 토대로 '하나님 신뢰하기'에 관해 글을 기고하고 여러 곳을 다니며 강연도 했다.

아버지를 비롯해 식구들과 함께 그녀는 많은 유대인이 나치의 홀로코스트(유대인 대학살)에서 탈출하도록 도왔다. 코리는 생명을 구하는 그 일에서 조금도 흔들리지 않고 하나님께 순종하다가 언니 베씨와 함께 체포되어 라벤스부르크 집단 수용소에 갇혔고, 결국 언니는 거기서 죽었다. 나중에 코리 텐 붐은 이렇게 썼다.

"믿음은 안개를 관통해서 보는, 인간의 눈이 보지 못하는 멀리 있는 실체를 보는 레이더와 같다."

교차로에서 보이는 거라고는 두려움의 안개뿐일 때 하나님께서 당신 안에 두신 믿음을 단단히 붙잡아라. 모든 교차로는 하나님의 음성을 들을 기회를 준다. 그 음성을 들으려면 기도해야 한다. 하나님께서는 이사야에게 당신의 자녀들의 기도를 늘 들으며 응답하고 있다고 말씀하셨다.

그들이 부르기 전에 내가 응답하겠고
그들이 말을 마치기 전에 내가 들을 것이며

사 65:24

하나님께서 우리의 문제를 놓고 우리와 대화하길 좋아하신다. 이 얼마나 멋진 소식인가! 우리는 세세한 부분까지 하나님과 편안하게 이야기할 수 있다. 그분이 귀담아 들으시기 때문이다. 확신해도 좋다. 하나님께서 우리의 아픔과 고통과 좌절과 슬픔을 이미 속속들이 다 아신다. 우리는 간구할 필요도 없다. 하늘에서 응답이 울려 퍼지고 있기 때문이다. 하나님의 음성이 우리를 대신해 말했다!

이따금 우리가 기도하며 귀를 기울일 때 하나님의 음성을 들을 것이다. 그 음성은 성경에서 다양하게 묘사된다. 다윗은 하나님의 음성이 레바논의 백향목을 꺾는 천둥처럼 울리는 걸 들었다. 엘리야는 하나님께서 자신이 숨어 있는 동굴 밖에서 고요하고 작은 소리로 말씀하시는 것을 들었다. 모세는 떨기나무 불꽃에서 하나님의 음성을 들었을 때 눈을 뗄 수 없었다. 예수님이 세례를 받으실 때 들렸던 하나님의 음성은 마태와 마가와 누가가 기록했다.

내 삶에서 하나님의 음성을 들었던 순간들이 있다. 하나님의 음성은 분명했다. 귀에 들렸다고 말할 수 있는가? 내 귀에는 들렸다. 그러나 나와 같은 방에 있던 사람들도 똑같이 하나님의 음성을 들었는지는 모르겠다. 나는 하나님께서 누군가에게 말씀하실 때 직접적으로 또 구체적으로 말씀하신다고 믿는다.

왜냐하면 하나님께서는 약속의 말씀을 그들의 마음에 말씀하시기 때문이다. 그분이 당신의 마음에 약속을 말씀하시는 걸 들었다면 절대 그 소리를 잊지 못할 뿐더러 그 음성이 다시 들릴 때 반드시 알아들을 것이다.

당신이 기다림의 풍경 가운데 있을 때, 우물가에서든 교차로에서든 하나님께 말하고 그분의 거룩한 음성을 들으라는 초대는 참으로 엄청난 것이다. 예레미야서 33장에 기록되었듯이 예레미야 선지자는 갇혀 기다리는 시간을 경험했다. 그가 기다리는 동안에 하나님께서는 3절에서 그와 우리에게 메시지를 주셨다.

너는 내게 부르짖으라
내가 네게 응답하겠고
네가 알지 못하는 크고 은밀한 일을
네게 보이리라

렘 33:3

나를 불러라. 내가 응답할 것이다.
너 스스로는 결코 깨닫지 못할
경이롭고 놀라운 것들을
너희에게 말해 줄 것이다

메시지

나 스스로 깨닫지 않아도 되는 게 정말 감사하다. 하나님께서 당신을 기다림의 풍경에 두시며 결정을 내려야 하는 교차로로 인도하실 때 이 초대와 약속을 믿어라. 하나님께서는 당신이 그분을 부르길 원하신다. 당신이 그분을 부르면 응답하실 뿐 아니라 크고, 놀랍고, 경이로운 것들을 당신에게 직접 말씀해주실 것이다.

의심에
귀를 기울이다

우리는 교차로를 만날 때마다 하나님께 순종하거나 불순종할 기회를 얻는다. 아브라함과 사라가 여전히 아브람과 사래였을 때 애굽에 내려가면서 교차로를 만났다. 이 부부가 결정을 내려야 하는 교차로에서 방향을 잘못 선택했다는 이야기가 창세기 12장 10-20절에 나온다.

교차로에 서서 이들은 길을 하나씩 살폈으나 어느 쪽이 좋고 선한 길인지 하나님께 묻지 않았다. 아브라함의 마음에 의심이 가득했다. '만약'이 의심 가득한 생각 하나하나의 출발점이었다. 그것이 두려움을 낳았다.

이들은 부부로서 곧바로 애굽으로 내려가야 하는가? 아브라함은 만약 그렇게 하면 자신이 살해될 거라고 생각했다. 이들이 좌회전해 "이 사람은 제 누이입니다"라는, 더 안전해 보이는 길을 선택한다면 어떻게 되겠는가? 아브라함은 그렇게 하면 목숨을 보존하고 사라 덕에 대접도 잘 받을 거라고 생각했다. 아니면 이들은 우회전해 애굽에서 완전히 멀어지는 길을 선택해야 하는가? 그는 이 길을 택하면 굶어죽으리라는 걸 알았다.

잡념이 결정을 방해한다. 그 시대에 무척 아름다운 여인이 틀림없었던 사라의 빼어난 미모가 이들의 교차로에서 잡념이 되었다. 아브라함은 그녀의 아름다움 때문에 하나님께서 그들이 선택하길 원하시는 길을 구하지 못했다. 이들은 "이 사람은 제 누이입니다"라는 길을 선택해 애굽으로 내려갔다. 아브라함이 '자신들의 영혼이 쉼을 얻을' 자리를 찾기도 전에 애굽 사람들이 사라의 아름다움을 보고 바로에게 알렸다.

결과는 이들이 두려워했던 그 어느 '만약'보다 좋지 않았으며 사라는 곧바로 왕궁으로 불려가 바로의 새 아내가 될 판이었다.

코리 텐 붐은 《주는 나의 피난처》(The Hiding Place)에 이렇게 썼다.

"하나님나라에 '만약'이란 없다. 하나님의 뜻이 우리의 피난처다. 주 예수님, 나를 당신의 뜻 안에 두소서! 내가 당신의 뜻 밖에서 헤매고 다님으로써 미치는 일이 없게 하소서."

아브라함과 사라는 하나님의 뜻 밖에서 헤매고 다녔다. 하나님께서는 이들이 함께 그분의 백성의 부모(시조)가 되게 하고, 자신이 보호하고 번성케 할 부부가 되게 하셨다. 하나님께서 이들에게 하신 약속에 만약이란 없었다.

하나님께서 우리에게 주시는 약속에 만약은 없다. 언제라도 삶의 잡념에 잠겨 '이렇게 되면 어쩌지?'를 우리의 길잡이로 삼을 때, 하나님의 뜻 안에서 우리를 이끄시는 손길을 놓치게 된다. 언제라도 의심에 집중하면 그분의 뜻 밖에서 헤매게 되고, 그 결과는 매우 비참하다.

기다림의 풍경을 통과하는 아브라함의 여정 중의 교차로가 우리 대부분이 기다릴 때 만나는 교차로보다 많았다. 롯이 구출되고 소돔과 고모라가 멸망했다(창 13장). 하나님께서 아브라함에게 언약을 주셨다. 이스라엘 모든 남자가 언약의 표시로 할례를 받았다. 앞에서 보았듯이 하나님께서 찾아와 한 해 후에 약속된 아이가 태어날 거라고 하셨다. 이 모든 교차로에서 하나님께서 이기실 것이다.

우리는 아브라함과 사라와 하갈을 우회하게 했던 교차로의 결정을 이미 보았다. 그들에게 약속하신 분에 대한 신뢰를 잃었을 때 이들은 하나님을 제쳐두고 한 민족의 부모가 되려 했고, 잘못된 방향으로 과감하게 길을 틀었다. 이들이 선택한 방향은 단순한 우회로 이상으로 이들을 인도했다. 절대 하나님께로 향하지 않을, 영원히 하나님과 그분의 백성을 대적할 민족이 태어나게 하는 잘못된 결정으로 이들을 이끌었다.

아브라함과 사라가 마침내 이스라엘이 약속받은 땅이 될 곳으로 향하는 여정의 시간표를 살펴보면 그들이 긴 기다림의 여정에서 만난 많은 교차로를 확인하는 데 도움이 된다. 우리의 기다림이 몇 달에서 이들의 기다림처럼 몇 년으로 늘어날 때, 우리는 광야에서 40년을 방황한 이스라엘처럼 마치 다람쥐 쳇바퀴 돌 듯 한다고 느낄지 모른다.

순환 도로에도 의심이 하나님의 뜻과 교차하는 교차로가 있다. 빙빙 돌기만 하는 긴 기다림의 여정에서 우리는 아브라함과 사라처럼 똑같은 여러 교차로를 만날 것이다. 그랄 땅에 들어갔을 때, 아브라함이 보기에 사라가 이전에 비해 훨씬 늙었으나 여전히 아름다웠기에 그는 이전에 느꼈던 두려움이 다시 일어나 생각이 흐려졌다(창 20장). 그래서 다시 하나님의 뜻 밖에서 헤맸다. 우리는 오래전에 애굽에서 어렵게 얻은 교훈을 생각할 때 "어떻게 이러한 '누이 만들기'를 취해야 할 바른 길이라고 생각할 수 있을까"라고 묻는다.

그러나 아브라함처럼 우리도 옛날의 '만약들' 속에서 헤맨다. 당신은 기다림의 풍경을 지나는 자신의 여정에서 어떤 교차로를 만나고 있는가? 그 교차로에서 어떤 거짓 두려움의 안개를 보는가? 사라처럼 옛날의 만약들에 대한 옛날의 조언, 애초에 효과가 없었던 그 조언에 다시 귀를 기울인다. 당신이 기다리는 중에 교차로를 만났을 때, 어떤 만약들이 당신의 주의를 흩뜨려 놓았는가?

우리는 인간이기에 기다리면서 옛날의 똑같은 실수를 되풀이한다. 그러나 두 번이나 선택한 "이 사람은 제 누이입니다"라는 길에서 약속에 충실하신 하나님께서 아브라함과 사라를 보호하고 인도하셨듯이 당신에게도 그렇게 하실 것이다.

당신의 영혼이 쉼을 얻는다는 말은 최종 목적지에 이른다는 뜻이 아니다. 여정에서 영혼이 쉼을 얻는다는 뜻이다. 우리는 집이 하나님의 완벽한 타이밍에 팔리길 기다리면서 영혼이 쉼을 얻는 아름다운 시간들을 경험했다. 남편이 은퇴하고, 내가 일주일에 한두 차례만 일하던 때를 함께 즐겼다. 기다림이라는 현실을 함께 대면하면서 서로 훨씬 가까워졌고, 하나님께서 미래에 우리를 위해 준비해두신 게 무엇일지 꿈꾸었다.

차로 몇 시간 가야 할 거리에 사는 딸과 사위와 손주들을 더 자주 찾아갔고, 마침내 이사를 하게 되어 더 오래 떨어져 있을 때를 이겨내도록 도울 귀한 시간을 가졌다. 또 30년 된 친구들과 더 많은 시간을 보냈다. 그리고 우리를 어디로 보내시든지 마음 따뜻한 친구들을 주시기를 하나님께 기도했다.

마지막 추수감사절과 성탄절을 집에서 가족과 함께 보내면서 뉴햄프셔의 좋은 추억을 마음에 간직했다. 우리의 영혼은 목적지가 아니라 여정 중에 쉼을 얻었다. 당신의 영혼은 어디에서 쉼을 얻는가?

15

강렬한 기다림

기다림을
붙잡다

여리고성에 살았던 기생 라합의 이야기를 우리는 익히 알고 있다(수 2:1-21). 여리고는 성벽이 이중으로 되어 있었고, 성벽 사이에도 집들이 있었다. 왕의 군사들이 라합을 다그치는 동안 여호수아가 보낸 정탐꾼들이 라합의 지붕에 올라가 삼대 밑에 숨은 모습이 눈에 선하다. 하나님의 능력과 히브리인들의 승리를 전하는 이야기가 이교도들의 간담을 서늘하게 할 때 닫힌 성벽 안에 퍼지는 두려움의 냄새가 느껴진다. 이때 라합이 하나님에 대한 믿음을 고백하는 말이 시대를 초월해 들린다.

너희의 하나님 여호와는

위로는 하늘에서도

아래로는 땅에서도 하나님이시니라

수 2:11

우리는 기록된 하나님의 말씀을 근거로 하나님의 약속을 우리에게 적용할 수 있지만 라합에게는 기록된 하나님의 말씀이 없었다. 그녀는 다윗이 수금을 연주하거나 자신의 첫 시편을 쓰기 오래전에 살았다. 그래서 시편 27편에 나오는 기다림에 관한 약속을 읽을 수 없었다.

너는 주님을 기다려라.

강하고 담대하게 주님을 기다려라.

시 27:14, 새번역

라합은 히브리 정탐꾼들이 그들이 사는 성의 원수들이 전해주는 하나님의 약속을 들었다. 그러나 라합은 "우리의 목숨으로 너희를 대신할 것이요"라는 약속을 붙잡고, 창문에 붉은 줄을 달아매고 가족을 집에 모아 그 줄을 붙잡고 기다림의 풍경에 들어갔다.

하나님의 약속이 이뤄지길 기다리는 일은 단순하지도 짧지도 않았다. 라합과 가족은 '보호'와 '구원'이라는 하나님의 약속이 언제 이뤄질지 전혀 몰랐다. 여호수아서 2장-6장으로 돌아가 시간의 흐름을 파악해보라. 사흘 동안 여호수아의 정탐꾼들은 산에 숨어 지내다가 진영으로 돌아갔다. 또다시 사흘 동안 여호수아와 모든 이스라엘이 요단강변에 진을 쳤다. 그 후 마른 강을 건너는 기적의 날이 찾아왔다.

무장한 4만 명뿐 아니라 모든 이스라엘 백성이 강을 건너는 데 며칠이 걸렸겠는가? 강을 건넌 후에 제단을 쌓고 유월절을 지켰으며, 이스라엘 남자들은 모두 할례를 받았다. 제단을 쌓고 유월절을 지키며 할례를 행하고 회복하기까지 며칠이 걸렸을까? 이스라엘 사람들이 오고 있다는 소식이 여리고 주민들의 귀에 들어가기에 충분한 시간이었다. 한편 라합과 가족은 성벽과 성벽 사이의 집에서 약속의 붉은 줄을 붙잡고 기다렸다.

라합은 기다리면서 무슨 생각을 했을까? 의심의 화살이 그녀의 가슴에 꽂혔는가? 붉은 줄이 햇볕에 바래기 시작할 때 용기도 바랬는가? 하나님께서 그녀를 믿음을 위해 선택하셨고, 궁극적으로 그분의 아들 예수의 족보에 들게 할 거라는 용기를 주는 말씀을 하셨는가?

라합은 기다리면서 무슨 말을 했는가? 하나님을 줄곧 신뢰하며 히브리인들이 약속을 지킬 거라 믿는다고 했는가? 이스라엘이 온다는 소식을 마침내 들었을 때 찬양했는가? "너희의 하나님 여호와는 위로는 하늘에서도 아래로는 땅에서도 하나님이시니라"(2:11)라며 하나님을 믿는다는 그녀의 고백이 "나의 하나님 여호와는 위로는 하늘에서도 아래로는 땅에서 하나님이시니라"라는 개인적인 고백이 되었는가?

당신이 그 집에서 기다리는 라합의 가족이었다고 상상해보라. 갑자기 무장한 병사 4만 명이 행진하는 소리가 들리고 그들의 함성이 점점 커진다. 이스라엘 군대가 여리고 성벽을 에워쌌을 때 전투태세를 갖춘 병사들이 발을 구르는 소리에 여리고 주민들이 두려워 울부짖는 소리가 묻힌다. 이스라엘 군대가 성을 한 바퀴 다 돌자 다시 불길한 침묵이 흐른다. 당신이라면 이렇게 외쳤을지도 모른다.

"이게 무슨 뜻이냐? 라합, 네 하나님은 어디 있지? 그냥 여기 가만히 앉아 죽기를 기다릴 거야?"

이후로 닷새나 더 하나님의 군대가 행진하며 여리고성을 돌 때 라합과 가족들은 눈에 보이는 유일한 구원의 희망인 붉은 줄을 붙잡고 창가에서 기다렸다.

우리는 나머지 이야기를 안다. 마지막 행진은 일곱째 날에 시작되었다. 이스라엘 군대는 여리고성을 일곱 바퀴 돌았고, 성경은 여호수아서 6장에서 이렇게 말한다.

이에 백성은 외치고 제사장들은 나팔을 불매

백성이 나팔 소리를 들을 때에 크게 소리 질러 외치니

성벽이 무너져 내린지라 백성이 각기 앞으로 나아가

그 성에 들어가서 그 성을 점령하고

수 6:20

무너진 이교도 성읍의 돌무더기, 자신과 쾌락을 위해 살았던 인생의 돌무더기에서 하나님을 굳게 믿고 기다렸던 라합과 가족이 나왔다. 다른 모두는 전투에서 죽었다. 라합이 가진 거라고는 창문에 내걸린 붉은 줄과 정탐꾼들의 약속뿐일 때 수일을 믿고 기다렸고, 구원과 하나님께서 주신 미래를 상으로 받았다. 가수이자 작곡자인 돈 모엔(Don Moen)이 발매한 음반인 〈주 우리와 함께〉 (God with Us)는 성경 각 권에 나타난 예수님을 묘사하는 가사를 들려준다.

"성경의 여호수아서에서, 그분은 라합의 창문에 내걸린 붉은 끈이십니다."

우리가 라합의 기다림에서 보는 우리의 구원이신 예수님에 대한 아름다운 묘사다. 구원하는 생명줄은 손을 뻗어 붉은 줄, 그리스도께서 우리를 위해 흘리신 그 피를 붙잡으려는 모두에게 뻗어 있다. 예수님의 복음은 "내 목숨으로 네 목숨을 대신하리라"라는,

그분이 십자가에서 하신 일을 보여준다. 우리의 생명이 이방 신들을 따르는 데서 구원받아 한 분이신 참 하나님을 알 수 있도록 그분의 생명을 내어주셨다.

우리가 구원받아 주변에 흩어진 삶의 돌무더기에서 나올 수 있도록 예수님은 생명을 내어주셨다. 우리가 믿음으로 하나님의 가족이 되고 예수님의 족보에 들 수 있도록 생명을 내어주셨다. 놀라운 믿음은 이러한 강렬한 기다림에서 나온다.

삶과 죽음 사이에서
기다리다

결혼 10주년 기념일, 저녁에 밖에서 축하할 준비가 모두 끝났다. 양가 부모님이 우리와 함께 축하하려고 오후 늦게 도착하실 예정이었다. 저녁 식사를 예약하고, 내가 입고 나갈 특별한 드레스도 준비해 걸어두었다. 지난 10년 동안 아이가 태어났고, 직장이 확고해졌으며, 첫 번째 우리 집을 샀다.

하루 전에 딸이 버스에서 내리더니 기분이 별로라며 투덜댔다. 딸의 이마에 손을 대보니 열이 났다. 바로 어린이용 아스피린을 꺼내 아이에게 먹였다. 열은 내렸지만 메스꺼움과 구토가 시작되었

다(간호사로서 나는 아이들에게 흔한 코감기나 수두나 무릎의 상처에
도 내 아이를 건강하게 돌볼 수 있다는 걸 자랑으로 여겼다). 간호사이
자 엄마로서 조금 속이 상했다.

우리의 기념일 당일 아침이 되었는데도 딸은 김빠진 진저에일(생
강 맛을 첨가한 탄산음료)을 한 모금도 넘기지 못했다. 늘 활기 넘
치고 재잘대는 아이가 기운이 하나도 없어보였다. 가정 의원 의사
들과 함께 일하는 이점 가운데 하나는 가족이 급할 때 곧바로 연
락을 취할 수 있다는 것이다. 오후 계획을 염두에 두고, 딸을 응급
실로 데리고 가겠다고 했다.

의사는 딸을 꼼꼼히 살피더니 몇 가지 검사를 지시했다. 나는
결과에 정신이 멍했다. '라이 증후군'(바이러스에 의한 감염으로 심한
구토 증세를 보이며 의식을 잃는 질환)이었다.

'안 돼요! 하나님, 이럴 수는 없습니다.'

내 속에서 엄마의 마음이 소리쳤다.

'아이들은 라이 증후군으로 죽기도 하는데….'

내 속에서 간호사로서 마음이 소리쳤다. 나는 라이 증후군이라
는 진단에 가슴이 꽉 눌린 채 하나님께 어떻게 좀 해달라고 소리
쳤다. 딸은 정맥 주사를 꽂은 채 소아과 병동에 입원했고, 그 병상
곁에서 치열한 기다림이 시작되었다.

하나님께서는 우리의 절실한 필요를 우리보다 더 잘 아셨다. 남

편은 내가 전화를 하자 곧바로 병원으로 달려왔다. 친정 부모님은 저녁 식사 전에 조금 쉬려고 일찍 출발해서 이미 시내에 와 계셨다. 우리가 딸아이를 곁에서 간호하고 있을 때 친정 부모님은 우리의 먹을 걸 챙겨주시고 함께 기도해주셨다.

의사는 우리가 할 수 있는 거라곤 아이의 가녀린 몸이 치료를 받는 동안 지켜보는 것뿐이라고 했다. 정말 강렬한 기다림의 풍경이었다. 나는 병상에 누운 딸의 조그마한 손을 붙잡고 아이를 늘 보살펴주시는 분의 이름을 속삭이고 또 속삭였다.

"예수님, 예수님, 예수님."

그때 나는 치열하게 기다릴 때 함께하시겠다는 하나님의 약속을 체험했다. 바울이 로마서 8장에서 한 말이 하나님께서 내 마음에 하시는 말씀으로 들리자 평안이 찾아왔다.

만일 우리가 보지 못하는 것을 바라면

참음으로 기다릴지니라

이와 같이 성령도 우리의 연약함을 도우시나니

우리는 마땅히 기도할 바를 알지 못하나

오직 성령이 말할 수 없는 탄식으로

우리를 위하여 친히 간구하시느니라

마음을 살피시는 이가 성령의 생각을 아시나니

이는 성령이 하나님의 뜻대로
성도를 위하여 간구하심이니라

롬 8:25-27

하나님께서 은혜를 베푸셔서 딸이 아무런 후유증 없이 빨리 낫게 하셨다.

성경은 강렬한 많은 기다림을 들려줌으로써 우리의 삶을 위한 하나님의 신실하신 임재와 주권적인 뜻을 우리에게 확신시킨다.

- 아브라함은 약속의 아들인 이삭을 하나님께 제물로 바치려고 순종하며 그 아들과 함께 산을 오를 때, 하나님께서 양을 주시길 사흘을 강렬하게 기다렸다(창 22:1-3).

- 모세의 부모는 갓 태어난 아들을 세 달 동안 집에 숨긴 후에 상자에 넣어 강물에 띄웠다(히 11:23).

- 하나님의 백성은 하나님께서 자신들의 집을 지나가시고 애굽인들의 맏아들을 죽이실 때 어린 양의 피를 바른 문 뒤에서 밤새 희망을 가득 품고 강렬하게 기다렸다(출 12:22,23).

- 에스더는 자신의 동족인 유대인들을 위해 간청하기 위해 왕에게 나아가려고 사흘을 금식하고 기도하며 기다렸다(에 4:16).

- 욥은 가정, 자녀, 가축, 친구, 건강 등 모든 것을 잃고 비참한 상태에서 하나님께서 자신의 고통에 개입하시길 여러 달 동안 기다렸다(욥 16:7-22).

- 예수님의 어머니인 마리아는 자신의 아들이자 자신의 구원자께서 십자가에서 죽는 광경을 지켜보면서 6시간 동안 강렬한 정서적 고통을 견뎠다(요 19:17-25).

- 바울이 될 사울은 눈이 먼 채 다메섹에서 예수님이 약속하신 추가 지시를 치열하게 기다렸다(행 9:8,9).

병상 곁에서 기다리는 사람들이 모두 환자의 치료와 회복을 경험하지는 않는다. 상처 입은 모든 아이가 회복되지는 않는다. 시한부 자녀를 둔 부모들을 돕는 한 상담사를 만난 적이 있었다. 그녀는 딸을 암으로 잃었고, 그것이 계기가 되어 사역을 시작하게 되었다고 했다. 그러자 그녀의 주변에 있던 사람들의 대화가 바뀌었다.

한 사람은 자신이 아들을 잃은 이야기를 했고, 또 다른 사람도 사랑하는 자녀를 잃었다고 말했다. 대화는 이들의 상실이 안긴 아픔만큼이나 강렬한 기다림 가운데 나타나는 하나님의 신실하신 임재에 관한 거였다. 모두가 완치된 건 아니었지만 믿음으로 기다린 모두가 자신들이 겪은 기다림의 순간마다 임한 하나님의 은혜를 알고 있었다.

16

하나님의 완벽한 타이밍

여정을 위한
확신

우리 집에서 그들의 집까지의 거리는 1,500킬로미터다. 내 팔에서 뉴잉글랜드에 사는 딸과 사위와 두 손자들의 팔까지 거리다. 95번 고속도로를 타고 북쪽으로 거의 일직선으로 달리면 매사추세츠 주 케이프코드에 자리한 그들의 집이 나온다.

우리는 성탄절에 이 고속도로를 달린다. 우리 차는 그들의 성탄절 트리 밑에 둘 포장한 선물과 머틀 비치에서는 거의 필요 없는 도톰한 스웨터, 양모로 짠 모자가 가득한 옷가방으로 채워진다. 그런 후에 우리 가족은 봄 방학이나 한 주간의 여름 휴가를 보내기 위해 남쪽으로 달린다.

열한 살배기 손녀 메건은 그럴만한 가치가 있는 기다림도 함께 꾸리게 한다. 그 아이를 보는 순간 1,500킬로미터를 달려온 게 갑자기 그럴만한 가치가 있는 것으로 느껴진다. 누군가 소리친다.

"왔다!"

우리는 달려가 서로 부둥켜안으며, 절대 보내고 싶지 않아 한다. 어릴 때 메건은 우리 집에 있는 내내 내 곁에 거의 붙어 지냈으며 자주 내 목을 끌어안고 뽀뽀했다. 손자인 드류는 나보다 키가 크고, 길고 튼튼한 팔로 나를 안아준다. 그 애가 어릴 때는 숨은 그림 찾기 책인 《I Spy》(아이 스파이)를 들고 시도 때도 없이 내 무릎에 앉았다. 우리는 각 장마다 제시된 모든 항목을 찾고, 찾고, 또 찾았다.

하나님께서 처음 우리에게 함께 남쪽으로 모험을 떠나 함께 사역하자고 하셨을 때 손주들과 멀리 떨어져 살아야 한다는 게 가장 큰 걸림돌이었다. 그것만 빼고 모든 것이 해결되며 내 가슴과 머리에서 제 자리를 찾고 있었다. 장거리이지만 할머니 노릇을 했을 때 얻는 평안을 잃는 게 못내 아쉬웠다.

그 후에 어느 여성 수련회에서 멘토링 강의를 했는데 도중에 경건한 조부모 역할에 관한 강의를 들을 기회가 있었다. 나는 조부모가 손자들의 삶에 영향을 미치는 방식에 관해 성경적 지침과 강사의 개인적 조언을 예상했다. 이 부분이 어느 정도는 강의 초반에 제시되었다. 강사는 멀리 떨어져 사는 조부모의 역할이 손자들의 삶과 어른 자녀들의 삶에 얼마나 효과적일 수 있는지 말하기 시작했다. 강사는 선교사인 자녀들과 선교사 자녀들인 손자들을 둔 개인적인 경험을 들려주었다. 그녀는 서로 가깝게 지낼 수 있도록 돕는 현대 기술을 언급했다.

그러나 내게 강하게 다가온 부분은 그녀의 확신, 곧 하나님께서 손자들에게서 멀리 떨어져 주님을 섬기는 조부모들의 순종을 존귀하게 여기시고, 가족을 멀리 떠나 하나님의 자녀들과 함께 사역하는 자녀들을 존귀하게 여기신다는 확신이었다.

강사가 뒷줄에 앉아 연신 훌쩍이며 휴지로 코를 닦는 여자를 보았는지 모르겠다. 그러나 하나님께서는 내 눈물을 보셨고, 내 마음에 내 여정을 위한 완전한 평안을 채워주셨을 뿐 아니라 우리 집을 떠나 그분과 함께 모험을 나서자는 이 특별한 초대에 대한 확신의 마지막 조각까지 주셨다.

우리가 그 안에서 그를 믿음으로 말미암아
담대함과 확신을 가지고 하나님께 나아감을 얻느니라
엡 3:12

의심이냐
평안이냐

하나님과 함께 가는 여정과 하나님을 기다리는 여정에서 이따금 평안을 찾기 어려울 때가 있다. 하나님과 함께 갈 때 느끼는 평안은 앞서 말한 여성 수련회에서 내 마음에 찾아왔다. 하나님께서 우리가 가도록 허락하시길 기다릴 때 느끼는 평안은 어느 이른 아침 큐티 시간에 이사야서를 읽는 중에 찾아왔다.

이사야서는 읽어내기가 쉽지 않은 책이다. 목이 곧은 백성은 하나님께서 그분의 선지자들을 통해 주시는 책망을 들으려고 하지 않는다. 하나님께서는 이들을 저주하고 멸하겠다고 하시고, 이사야 선지자는 이들을 보면서 좌절을 거듭한다. 그의 메시지는 당시 사람들을 위한 것인 동시에 수천 년이 지난 먼 미래의 사람들을 위한 것이기도 하다.

이사야의 예언마다 이스라엘과 우리를 위한 희망의 메시지가 담겨 있다. 우리에게 한 아기가 태어날 것이며, 우리에게 한 아들을 주실 것이다. 이사야의 선포는 모든 민족을 위한 완전한 희망을 예언한다 그분은 "기묘자", "모사", "전능하신 하나님", "영존하시는 아버지", "평강의 왕"이라 불리실 것이다(사 9:6).

그날 아침, 나는 이사야서 26장을 읽고 있었다. 3절과 4절이 내 마음에 정확히 꽂혔다.

주님, 주님께 의지하는 사람들은
늘 한결같은 마음을 가진 사람들이니,
그들에게 평화에 평화를 더하여 주시기 바랍니다.
너희는 영원토록 주님을 의지하여라.
주 하나님만이 너희를 보호하는 영원한 반석이시다.

새번역

8절과 9절을 읽을 때도 다르지 않았다.

주님, 우리는 주님의 율법을 따르며,
주님께 우리의 희망을 걸겠습니다.
우리가 주님의 이름을 사모하고
주님을 기억하겠습니다.
나의 영혼이 밤에 주님을 사모합니다.
나의 마음이 주님을 간절하게 찾습니다.

새번역

이사야는 우리가 자신을 평화(평안)로 채울 수는 없으며, 평화란 그런 게 아니라고 말한다. 하나님께서 완전한 평화를 주신다. 하나님께서 한결같은 마음으로 그분을 의지하는 자들의 마음에 그분의 평화를 주신다. 우리가 하나님을 기다리는 시간에 의심이 교묘하게 끼어들도록 허용했을 때, 하나님께서 애초에 우리에게 주신 평화가 가장 먼저 공격받았다. 의심하는 자가 특정 문제에서 평화로운 걸 본 적이 있는가? 의심은 우리에게서 영적 평화를 강탈한다.

예수님의 제자인 도마는 부활하신 그리스도께서 모여 있는 제자들에게 처음 나타나셨을 때 그곳에 없었다. 제자들은 예수님을 기다리고 있었다. 무덤은 비었고, 예수님이 부활하셨다는 말이 앞뒤가 맞았다. 이들은 예수님이 틀림없이 자신들에게 오시리라고 생각하며 기다렸다.

성경에서 가장 유명한 의심쟁이인 도마는 2,000년 넘게 비난받는다. 예수님이 다른 모든 제자들에게 나타나셨고, 다른 모든 제자들이 흥분하며 목격담을 들려주는데도 못에 박힌 상처가 선명한 두 손을 자기 눈으로 봐야겠다고 했기 때문이다.

부활하신 그리스도께서 제자들에게 "너희에게 평강이 있기를"이라고 말씀하셨다(요 20:24-26). 의심 때문에 도마는 처음에 부활과 예수 그리스도를 믿는 믿음이 주는 복된 평화를 놓쳤다.

의심은 기다리는 동안 하나님께서 주시는 영적 평화를 우리에게서 강탈한다. 의심하면 하나님의 약속이 이뤄지길 더는 기다리지 못하고 하나님께서 그분이 약속하신 바를 행하시리라는 증거를 찾으려 든다. 잠 못 이루는 밤에 우리가 하나님과 함께 바른 길을 가고 있음을 확인해주는 그분의 음성을 갈망한다.

우리가 아침에 깰 때, 의심이 다시 우리의 생각을 파고들어서 하나님을 잘 기다리려는 그 어떤 결심이든 꺾어버리려고 한다. 의심이 우리가 하나님 안에 누르는 평화를 공격할 때 어떻게 한결같이 기다릴 수 있을까?

이사야서 26장 8,9절이 분명히 말해준다. 우리는 말씀 안에 거하고, 늘 기도로 하나님의 이름을 우리의 입술에 두고, 하나님께서 우리에게 주신 그분의 약속이 성취되어 그분이 모든 존귀와 영광을 받으시길 바람으로써 하나님의 길을 걷는다. 기다리는 동안 늘 말씀 안에 거하고, 하나님을 영화롭게 함으로써 내 의심을 밀어내자 완전한 평화가 돌아왔다. 환경에 상관없이 완전한 평화 가운데 사는 비결을 발견하는 건 기다릴 만한 가치가 있는 일이다.

의심은 우리에게서 힘까지 빼앗으려 든다. 나는 이사야서 40장 27절 옆에 "오, 데비"라고 써놓았다. 이 구절이 내게 적용되어 이렇게 읽혔다.

(오, 데비), 네가 어찌하여 불평하며,

(오, 데비), 네가 어찌하여 불만을 토로하느냐?

어찌하여 "주님께서는 나의 사정을 모르시고,

하나님께서는 나의 정당한 권리를

지켜주시지 않는다" 하느냐?

새번역

이사야가 하나님의 백성에게서 들었던 이와 똑같은 말을 하나님께서는 내게서 듣고 계셨다. 내 불평은 나를 약하게 했고, 내게서 기다림의 풍경을 헤쳐 나갈 힘을 빼가고 있었다. 은혜로우신 하나님께서 다음 구절을 통해 나를 일깨우시고, 기다릴 힘을 주는 말씀을 주셨다.

너는 알지 못하였느냐? 너는 듣지 못하였느냐?

주님은 영원하신 하나님이시다.

땅끝까지 창조하신 분이시다.

그는 피곤을 느끼지 않으시며,

지칠 줄을 모르시며, 그 지혜가 무궁하신 분이시다.

피곤한 사람에게 힘을 주시며,

기운을 잃은 사람에게 기력을 주시는 분이시다.

비록 젊은이들이 피곤하여 지치고,

장정들이 맥없이 비틀거려도,

오직 주님을 소망으로 삼는[wait, KJV] 사람은 새 힘을 얻으리니,

독수리가 날개를 치며 솟아오르듯 올라갈 것이요,

뛰어도 지치지 않으며, 걸어도 피곤하지 않을 것이다.

사 40:28-31, 새번역

정말 내게 '그 힘'이 좀 필요했다. 나는 의심에서 비롯된 약함을 하나님께서 새롭게 채워주시는 힘과 맞바꿀 필요가 있었다. 기다림에서 솟구쳐 올라 독수리의 눈으로 하나님께서 이 기다림을 어떻게 보시는지 볼 필요가 있었다. 의심이 사라지자 영원한 하나님께서 주시는 새 힘이 생겨 달려도 지치지 않고, 걸어도 피곤치 않을 수 있었다.

당신이 무엇을 기다리든, 당신의 약함이 무엇이든, 일정표가 어떻든지 하나님께서 약속하신 바를 당신이 기다릴 수 있도록 전능하신 그분이 당신에게 새 힘을 주실 준비가 되어 있다. 당신이 약하고 지칠 때마다 하나님께서 힘을 주신다는 걸 확인하는 일은 기다릴 만한 가치가 있다.

'평화'와 '힘'은 자주 하나님께서 주시는 복으로 인용된다. 우리가 기다리던 초기에 나만 그렇게 말한 게 아니다. 하나님께서 우

리에게 평화와 힘을 채워주시고, 우리의 기다림이 길어질 때 그분의 은혜로 이런 평화와 힘을 우리에게서 다른 사람들이 보게 해주셔서 얼마나 감사했는지 모른다.

내가 생각한 복은 딱 하나, 마침내 우리가 거처를 옮겨 기다림이 끝나고 모험이 시작되는 것이었다. '복 받지 못한'이란 단어가 적절하다면 내 기다림을 이 단어로 표현했을 법한 날이 수두룩했다. 나는 하나님 기다리기를 이해하려고 성경을 찾다가 다시 이사야서 30장에 이르렀다.

그러나 주님께서는
너희에게 은혜를 베푸시려고 기다리시며,
너희를 불쌍히 여기시려고 일어나신다.
참으로 주님께서는 공의의 하나님이시다.
주님을 기다리는 모든 사람은 복되다.

사 30:18, 새번역

성경의 모든 말씀이 진리라고 믿기에 설령 내 자신이 복 받지 못했다고 느꼈더라도 이 말씀 또한 진리라고 믿었다. 내가 아는 이 구절의 이분법과 영적으로 씨름해야 했다. 내 머릿속에서 격론이 벌어졌다.

'주님께서 내게 은혜를 베푸시려고 기다리신다면 간단하게 기다림을 끝내고 그분의 약속을 즉시 이루어주실 수 있을 거야. 하나님께서 나를 불쌍히 여기신다면 내 기다림의 고통을 보시고 조만간 약속하신 대로 하실 수 있을 거야. 하나님께서 공의로우시다면 기다림이 얼마나 부당한지 보시고, 우리가 이미 새로운 사역으로 그분을 섬기고 있을 수 있음을 아실 거야.'

나는 아주 거세게 항의했다. 그러자 성령께서 아주 빨리 내 항변을 막으며 말씀하셨다.

"주님을 기다리는 모든 사람은 복되다."

그렇다. 우리는 복을 원한다. 하나님의 복에 주려 있다. 우리는 그분이 약속하신 바로 그 복을 기다린다. 우리의 시각은 최종 결과에 단단히 고정되어 있어 그분이 도중에 주시는 복을 놓쳐버렸다. 하나님께서 우리가 기다릴 때 우리를 보시며 그분이 약속하신 것을 우리에게 주실 순간을 우리와 함께 갈망하신다는 것 자체가 복이다.

하나님의 갈망은 우리의 제한된 인간적 갈망보다 훨씬 크다. 하나님께서 그분의 연민의 마음을 우리에게 보여주신다. 우리가 절망 가운데서 내는 부르짖음을 들으실 때마다 하늘 보좌에서 일어나 연민을 쏟아부으려 하신다. 그분의 완벽한 타이밍을 기다릴 힘을 주심으로써 자신의 연민을 보여주신다. 또 공의로운 하나님이 이 시기에 평화의 복도 주신다.

당신은 하나님을 기다리고 있는가? 머리를 들고, 하나님께서 당신에게 주고 계시는 숱한 복을 세어보아라. 하나님을 기다리는 중에 받는 복은 기다릴 만한 가치가 있다.

하나님의 성령께서 내게 기다림에 관한 진실을 가장 자주 보여주신 건 아침 큐티 시간에 하나님께 한탄을 늘어놓을 때였다. 어느 날 아침, 계속되는 기다림이 정말로 하나님께 비롯되었다는 확신을 찾다가 예레미야애가 3장 19-24절을 만났다. 이 단락의 첫 부분이 내 가슴을 울렸다.

내가 겪은 그 고통,
쓴 쑥과 쓸개즙 같은 그 고난을 잊지 못한다.

애 3:19, 새번역

나는 "주님, 저도 그렇습니다"라고 답했다. 성령께서 내 큐티 노트를 거꾸로 훑어보고, 그 몇 달 동안 하나님께서 내게 하신 말씀을 다시 확인해보라고 하셨다. 기록된 성경과 묵상과 기도를 통해 우리를 향한 하나님의 깊은 사랑을 확인했다. 하나님의 사랑과 연민의 메시지가 큐티 노트의 페이지마다 나타났다. 하나님의 깊은 사랑이 약속의 목적지가 아니라 기다림의 풍경에서 최종 결과가 아니라 도중에 받은 모든 복에서 나타났다. 계속 읽다가 22절의 강렬한 선언에서 부딪혔다.

여호와의 크신 사랑 때문에

우리가 소멸되지 않았으니

현대인의 성경

이 선언에 담긴 진리가 내게 새 약속을 주었다. "소멸되지 않는다"라는 말은 내가 가까스로 이 기다림을 통과하리라는 뜻이 아니었다. 기다림이 아니라 하나님의 신실하심에 집중해야 한다는 뜻이었다. 나는 삶의 모든 부분을 더는 기다림의 안경을 통해 보지 않고, 나의 분깃이며 내가 필요로 하는 전부이신 하나님을 믿는 믿음의 눈으로 보아야 했다.

이것은 내가 하나님의 약속이 이뤄지길 기다리는 동안 하나님께서 나를 완전히 보호하시고 사랑하셨다는 뜻이었다.

"여호와의 크신 사랑 때문에 우리가 소멸되지 않았으니."

정말 그런지 확실히 알기 위해 기다릴 만한 가치가 있는 말이다.

하나님의 약속이
이루어지는 기다림

집이 팔리고 마침내 하나님께서 약속하신 장소와 목적을 향한 여정
에 나서려는 우리의 기다림은 생명을 위협하지는 않았다. 하지만 삶
은 바꿔놓았다. 우리의 기다림은 어떤 사람들이 하나님께서 구해주
시길 기다리며 그 속에서 살아가는 겹겹이 쌓인 심각한 문제가 아니
었다. 그러나 우리의 기다림은 이 책에서 당신에게 보여준 겹겹이 쌓
인, 배워야 할 교훈을 담고 있다.

하나님께서 우리에게 하신 약속이 이뤄지길 기다리는 풍경에서 우
리는 그분의 방식으로 그 기다림을 헤쳐 나가고 있었다. 장차 거처를
옮길 때 받을 복을 고대할 뿐 아니라 현재의 복도 경험할 수 있었다.
그리고 하나님에게서 '새로움'이란 단어를 듣기 시작했다.

욥기는 장마다 오래되고 겹겹이 쌓인 고통스런 기다림을 보여준
다. 욥은 사탄이 그를 공격하는 모든 방식에 말로써 놀랍도록 신실
하게 답하는데, 이것은 하나님께서 극복할 수 없는 그의 고통에 침
묵하시는 모습과 대비된다. 욥의 신실함은 하나님을 향한 차원 높

234

고 거룩한 기다림의 척도로 두드러진다.

우리 가운데 완전한 상실 앞에서 이 정도로 신실하게 기다릴 수 있는 사람은 거의 없다. 그러나 우리 가운데 하나님께서 욥기 1장 8절에서 그에 대해 하셨던 "온전하고 정직하여 하나님을 경외하며 악에서 떠난 자"라는 평가를 받을 사람이 누구겠는가?

우리 가운데 가졌던 걸 전부 잃고 모든 것에 대한 통제권까지 다 잃은 사람은 드물다. 모든 자녀를 잃고 자기 이름으로 된 재산은 고사하고 한 푼도 남아 있지 않은 데다가 온몸에서 진물이 흐른 채 앉아 애통하며 친구들에게 잔혹하게 비판당하는데도 2장 10절이 증언하듯 말로 범죄하지 않는 사람은 더욱 드물다. 고난 가운데 하나님을 신뢰한 고통스런 42장이 모두 지난 후에 하나님께서 정하신 크기의 새로움이 욥을 찾아왔다.

아브라함과 사라는 자녀를 기다리는 동안 고난 가운데 하나님을 신뢰했는데 처음 약속을 들은 지 25년 후에 이삭이 태어났을 때에야 새롭게 되었다. 여호수아와 갈렙은 광야에서 모세와 함께 40년간 고난 가운데 하나님을 신뢰한 후에야 약속의 땅에 들어가 승리를 주시는 하나님의 손에 새롭게 되었다. 에스더는 사흘을 강렬하게 기도하고 금식하며 기다리면서 고난 가운데 하나님을 신뢰했으며 왕이 규(圭)를 그녀에게 내밀 때 새로워진 보호를 경험했다.

하나님의 백성은 이방 민족들의 지배 아래 그리고 마지막 메시아에 관한 예언이 있은 후 세례 요한이 "보라 세상 죄를 지고 가는 하나님의 어린양이로다"(요 1:29)라고 외칠 때까지 400년이나 침묵이 계속된다. 그러는 동안 고난 가운데 약속된 메시아를 간절하게 믿으며 기다렸다.

우리의 생각을 하나님의 말씀에 굳게 고정하고 우리의 마음을 하나님의 마음에 맞추고 기다리기 위한 중요한 교훈을 배울 때 욥처럼 "나는 나의 모든 고난의 날 동안을 참으면서 풀려나기를 기다리겠나이다"라고 말할 수 있다(욥 14:14). 우리는 신실한 기다림의 풍경

236

을 벗어나 우리에게 약속된 땅에 들어갈 때 새로워질 것이다.

하나님께서는 가족과 친구들, 친숙한 것들, 성취감을 주는 것들을 남겨두고 새롭고 아직 정해지지 않은 남쪽 어딘가로 가서 새롭고 아직 드러나지 않는 방식으로 하나님의 이름으로 사역하고 우리를 부르셨다. 그 첫 부르심을 들은 지 거의 2년 후에 약속이 성취되었다. 온전히 1년을 기다리면서 매일 하나님을 신뢰하는 수준에서 하나님과 그분의 뜻에 완전히 맡기는 수준에 이른 후, 우리는 성령께서 우리를 새롭게 하시는 걸 경험했다.

어느 날 아침 큐티 시간에 하나님께서 이사야서 42장 말씀을 주셨다.

보라 전에 예언한 일이 이미 이루어졌느니라
이제 내가 새 일을 알리노라

그 일이 시작되기 전에라도 너희에게 이르노라

사 42:9

우리는 새롭게 하시는 하나님께서 우리의 마음에 '이곳이 하나님께서 우리를 위해 준비하신 곳'이라고 말씀하시는 걸 느꼈다. 우리는 성령 외에 그 누구도 줄 수 없는 확신에 젖어서 하나님의 녹색 신호가 켜질 것을 내면으로 느끼면서 차를 몰고 집으로 돌아왔다. 그 주가 끝나기 전에 새로운 중개업자가 우리 집을 사겠다는 사람이 나타났다고 전해주었다. 그리고 두 달 후에 우리는 짐을 꾸리고 정든 집에 작별 인사를 했다. 마침내 우리 인생의 다음 장에서 하나님과 함께 모험하기 위해 믿음으로 발걸음을 내딛게 되었다.

새로움! 하나님께서 두신 기다림의 풍경을 통과한 후에야 이를 수 있는 곳이다. 당신이 기다림의 풍경을 지날 때 이 책의 교훈이 당신의 길을 밝히고, 희망을 주길 바란다. 또한 하나님의 약속이 이뤄지길 기다리는 동안 당신이 하나님의 평안과 기쁨과 힘을 맛보게 되길 간절히 기도한다.

믿음이 없어 하나님의 약속을 의심하지 않고

믿음으로 견고하여져서 하나님께 영광을 돌리며

약속하신 그것을 또한 능히 이루실 줄을 확신하였으니

그러므로 그것이 그에게 의로 여겨졌느니라

롬 4:20-22

가장 힘든 일 ; 기다림

초판 1쇄 발행   2015년 6월 1일
초판 5쇄 발행   2018년 1월 31일

지은이   데비 애커먼
옮긴이   전의우

펴낸이   여진구
책임편집   김아진
편집   김아진, 안수경, 이영주, 최현수, 김윤향
디자인   마영애, 유주아
기획·홍보   김영하   해외저작권   기은혜
마케팅   김상순, 강성민, 허병용   마케팅지원   최영배, 정나영
제작   조영석, 정도봉   경영지원   김혜경, 김경희

이슬비전도학교   최경식   303비전성경암송학교   박정숙
303비전장학회 & 303비전꿈나무장학회   여운학

펴낸곳   규장

주소   06770 서울시 서초구 매헌로 16길 20(양재2동) 규장선교센터
전화   02)578-0003   팩스   02)578-7332
이메일   kyujang0691@gmail.com   홈페이지 www.kyujang.com
페이스북 facebook.com/kyujangbook   인스타그램 instagram.com/kyujang_com
카카오스토리 story.kakao.com/kyujangbook
등록일   1978.8.14. 제1-22

책값   뒤표지에 있습니다.
ISBN 978-89-6097-408-1 세 03230

규 | 장 | 수 | 칙

1. 기도로 기획하고 기도로 제작한다.
2. 오직 그리스도의 성품을 사모하는 독자가 원하고 필요로 하는 책만을 출판한다.
3. 한 활자 한 문장에 온 정성을 쏟는다.
4. 성실과 정확을 생명으로 삼고 일한다.
5. 긍정적이며 적극적인 신앙과 신행일치에의 안내자의 사명을 다한다.
6. 충고와 조언을 항상 감사로 경청한다.
7. 지상목표는 문서선교에 있다.

하나님을 사랑하는 자 곧 그의 뜻대로 부르심을 입은 자들에게는 모든 것이 습力하여 善을 이루느니라 (롬 8:28)

Member of the
Evangelical Christian
Publishers Association

규장은 문서를 통해 복음전파와 신앙교육에 주력하는 국제적 출판사들의 협의체인 복음주의출판협회(E.C.P.A:Evangelical Christian Publishers Association)의 출판정신에 동참하는 회원(Associate Member)입니다.